教育部人文社会科学研究青年基金项目“科学认知中的信息演化研究”（16YJC720020）成果

山西省中国特色社会主义理论研究中心太原科技大学基地
“1331工程”重点马克思主义学院建设项目研究丛书

The view of science from
the perspective of information philosophy

信息哲学视域下的科学观

卫郭敏◎著

人民出版社

目 录

导 论

我们当前所处的时代被称为信息时代，人们通常认为20世纪中叶是信息时代的开端，其标志为计算机技术的发展。时代的划分通常是源于技术的革命，信息时代的开启自然离不开信息科学技术的突破。“信息认识、信息处理和信息传播方式的变革是新的科学技术革命的实质和核心，是一场真实意义的信息科学技术革命。”① 这场科学技术革命带来的是整个社会的信息化，直接导致社会生成方式、生活方式、思维方式上的深刻变革。

信息从一个日常词汇真正成为学术字眼缘起于美国数学家申农（C.E.Shannon）在1948年发表的著作《通信的数学理论》，该书奠定了信息论的现代科学基础。申农在书中第一次从科学的维度定义了信息的概念，提出了一般的通信系统模型，定义了信源、信道、信宿、信号、编码、译码以及噪声等基础概念，并讨论了它们在通信系统中的意义。

信息科学作为一门研究信息及其运动规律的科学，是信息时代的标志性科学。北京邮电大学的钟义信教授基于多年的潜心研究，于1988年出版了学术专著《信息科学原理》，在国内外首次系统地论述了信息科学的基本定义、基础概念、基本原理和方法论。书中着重阐明：“信息科学的基础概念是形式、内容、效用三位一体的‘全信息’，它的基本原理是基

① 邬焜：《信息哲学：理论、体系、方法》，商务印书馆2005年版，第3页。

于全信息的‘信息转换原理’，即信息—知识—智能转换原理，它的研究目的是提供生成各种智能策略的通用方法。”① 在该书的第五版中，钟义信教授详细阐述了信息科学的缘起及其意义，给出了全信息的概念及其度量方法，介绍了信息的获取和传递、知识生成、知识激活、策略执行、策略优化的机制，讨论了信息科学方法论与应用的相关内容。钟义信教授的工作为信息科学的发展奠定了坚实的理论基础。

马克思曾说，任何真正的哲学都是自己时代的精神上的精华。而任何特定的时代也孕育了特定的哲学理论。随着信息时代的发展，对信息的哲学思考自然成为哲学家的研究旨趣。国外将信息哲学视为一个独立研究领域的学者是牛津大学哲学家弗洛里迪（L.Floridi），他于 2002 年在西方哲学界权威性期刊《元哲学》上发表了《什么是信息哲学?》② 一文，该文首次将信息哲学作为一个独立的探究领域与其他哲学分支并立，系统地分析了信息哲学的研究纲领，被视为信息哲学作为独立学科的开始。作为西方哲学背景下兴起的哲学思潮，信息哲学的研究纲领被界定为：（1）以寻求统一信息理论为其研究核心，基本问题就是对信息本质进行反思，同时对信息的动力学和利用进行分析、解释和评价，重点关注在信息环境中引发的系统问题。（2）主要目的是为各种新老哲学问题提供信息理论的哲学方法（Information-theoretic Philosophical Method, IPM）。（3）建立属于原信息哲学（proto-Philosophy of Information）理论体系的根基。为创新目标的各个分支提炼理论分析框架。利用信息的概念、方法、工具和技术来对传统和新的问题进行建模、阐释和提供解决方案。（4）其方法论为，对信息与计算机科学和信息与通信技术及其相关学科中的概念、方法和理论进

① 钟义信：《信息科学原理（第五版）》，北京邮电大学出版社 2013 年版，第 1 页。

② L.Floridi, “What is the Philosophy of Information”, *Metaphilosophy*, No.33, 2002, pp.23–145.

行系统梳理，为其提供元理论分析框架。[①]

信息哲学的研究在国内有着较之西方更为自觉，也更追求元哲学高度的学术探索，西安交通大学的邬焜教授被视为国内信息哲学研究的代表人物，他在 20 世纪 80 年代初期就开始从元哲学的高度探索信息哲学的体系问题，发表了一系列重要的学术论文和专著，2005 年邬焜教授的专著《信息哲学：理论、体系、方法》在商务印书馆出版，该书被视为是邬焜教授信息哲学体系构建走向成熟的标志性成果。该书详细地阐述了信息本体论、信息认识论、信息进化论、信息价值论、信息思维论的深刻内涵，对信息的度量进行了哲学维度的分析，最后对针对其哲学体系的挑战进行了回应，以及对一些哲学命题进行了辨析。

邬焜教授构建的信息哲学体系，不同于西方以弗洛里迪为代表的信息哲学研究旨趣。邬焜教授认为与信息关涉的学科可以分为六个层次：信息哲学、一般信息理论、领域信息学、门类信息学、分支信息学、工程技术信息学。虽然不同层次的信息学科之间是相互贯通的，但不同学科的具体学科性质和内容却有着明显的区别，任何一种将不同学科层次的性质和内容加以混淆的做法都是失当和不可取的。[②] 在邬焜教授看来，弗洛里迪的信息哲学研究纲领是一个不严谨的研究纲领，其间充满了诸多的逻辑矛盾和随意拼凑，并不具有元哲学的哲学意蕴。弗洛里迪的信息哲学研究纲领中拼凑或者罗列了太多本不属于元哲学维度的其他学科内容，例如一些实用信息科学技术。邬焜教授认为，从元哲学的高度构建信息哲学体系，必须突出信息在存在论意义上的普遍而独特的品格，需要确立信息哲学所涉的全新的哲学基本问题、哲学本体论、哲学认识论、哲学价值和伦理观、

① 参见刘钢：《从信息的哲学问题到信息哲学》，《自然辩证法研究》2003 年第 1 期。

② 参见邬焜：《信息哲学：理论、体系、方法》，商务印书馆 2005 年版，第 18 页。

哲学的经济社会观、哲学的科学技术观、哲学的演化发展观，从而形成区别于所有传统哲学和现代哲学的一种具有全新世界观、历史观、社会观、认识观、科技观和方法论的信息哲学体系。①

对于国内和西方信息哲学研究路径的分野，笔者认为邬焜教授的研究路径更具有元哲学的意蕴，更符合构建全新哲学体系的研究方式。对于信息哲学的研究，无论国内还是国外都是全新的研究领域，没有必要将西方学者的研究奉为圭臬，更不必将国内的哲学研究自囿于西方的研究之后，亦步亦趋，国内学者同样可以为世界哲学的进步和发展贡献独特的东方智慧。

事实上，国内信息研究领域的研究团队也正在与西方学术界进行着积极的学术交流，并且国内的研究成果也受到西方学术同仁的高度认可和积极评价，邬焜教授的信息研究学术团队和信息研究学术成果自然是其中的重要部分。2017 年 4 月 9 日，国际信息研究学会中国分会在北京大学正式成立，这是首个国际信息研究学会的国家分会，显示了国内信息领域研究的国际地位。2017 年 6 月上旬，在瑞典哥登堡举行的国际信息研究学会的学术峰会上，中国分会成功申请到峰会四项活动中的两项主办权：信息哲学国际会议和信息生态学国际论坛。其中信息哲学国际会议正是由西安交通大学邬焜教授团队筹备。邬焜教授和钟义信教授受邀成为会议主席团 9 位主席中的成员。这都显示了中国信息研究的国际地位和话语权。本次信息哲学国际会议的主题是“信息时代的基础：信息哲学、信息社会科学与技术、生态与经济”（The Foundations of the Information Era: Information Philosophy, Science and Technology for an Information Society, Ecology and Economy）。在开幕词中，邬焜教授强调了信息哲学是体现我

① 参见邬焜：《信息哲学：理论、体系、方法》，商务印书馆 2005 年版，第 22 页。

们这个时代的时代精神的哲学，只有立足于一般哲学的层面我们才可能把分散在不同层次的具体信息研究统一起来，从而实现统一信息科学的理性建构，这正是信息所具有的最为一般性和普遍性的品格。邬焜教授坚信，通过我们的共同努力，通过对不同层次的分门别类的信息研究学科的统一性基础的探讨，我们一定能够实现建构统一信息科学的宏伟理想，从而展示信息时代的哲学和科学精神。邬焜教授在本次峰会上所作主题报告的题目是 *Philosophy of Information Leading to the Fundamental Transformation of Philosophy*。报告旨在探讨和展示信息哲学对哲学的根本性变革。这篇报告的论文底稿本身就十分厚重，涵盖了邬焜教授建立信息哲学以来的诸多体系性创见，极具宏伟气势，而现场的报告更是精彩非常，令人感慨，发人深思。邬焜教授首先指出信息哲学乃是与其他哲学学派并列的元哲学或最高哲学，从本体论上讲，它对存在领域进行了新的划分："存在＝物质＋信息（精神是信息的高级形态）"，从而给哲学的诸多问题层次和领域带来了一系列的根本性变革，邬焜教授将其缩列为包括本体论在内的 12 个宏大的方面。就认识论来说，信息哲学把人的认识看作是一个在多级信息中介的综合建构和虚拟中的一种复杂性涌现，相应地，信息也呈现出了它的复杂形态；在演化论方面，物质形态和信息形态具有相互协同、相互载负、相互映现和相互规定的全息蕴涵关系；在信息哲学的视域内，强调一种内在融合的时空观，而其中的信息凝结所引起的所有事物的二重化存在（既是物质体又是信息体）同时便规定了事物的全息性存在方式（信息哲学的全息境界论）；以信息哲学的基础理论为前提，便可以建立起能够兼容信息价值和自然价值的全新价值哲学；信息哲学还从信息的维度上阐明了人类社会的信息本质及其进化的信息尺度，揭示了人类生产和生产力的信息本质；结合对三次科学技术革命的考察，根植于整个信息哲学体系的理论奠基，邬焜教授概括了新型的当代科学与哲学思维方式——信息思维，并总结性地提出了一种关于“科学的信息科学化”的当代科学发展的理论。报告最后，邬焜教授还提纲挈领地点明了信息科学和信息哲学研究纲领对现有科学和哲学的全方位整合和改造的作用，从而引导参会者继续深入地思考。听了邬焜教授的主旨报告之后，很多外国学者都主动与之交流，并表达进一步合作的意向。一位外国专家跑过来激动地对邬焜教授说：“您的信息哲学有很强的解释力。”国际信息学会执委会成员，日本学者 Tadashi Takenochi 教授主动找到邬焜教授说：“我以前就对您的信息哲学有所了解，您建立了一套相当不错的理论。”①

邬焜教授的信息哲学研究也得到国内学术界的高度认可和支持，在 2018 年的国家社会科学基金重大招标项目中，邬焜教授的研究项目“信息哲学的历史、现状与未来”成功中标。相信邬焜教授的信息哲学研究在未来的几年可以更上层楼，进一步引领国内的信息哲学研究，并为国际信息哲学的发展作出重大贡献。

本书缘起于笔者承担的教育部人文社会科学研究青年基金项目（16YJC720020）“科学认知中的信息演化研究”，是该项目研究的最终成果。在本书中，笔者的主要工作可以视为是信息哲学对科学活动的重新解读。如邬焜教授所言，信息哲学的发展带来的是全新的世界观、历史观、社会观、认识观、科技观和方法论。那么，本书的目的便是阐述信息哲学视域下的科学观。

本书主要分四部分内容：

（1）信息哲学基本问题的讨论。主要包括三部分：第一部分讨论了信息本体的可能性问题，以及信息作为本体存在究竟具有何种本体论意义；

---

① 文中对于国际信息研究学会的学术峰会的相关介绍采用了国际信息研究学会中国分会提供的《IS4SI（2017）国际峰会（中国分会）小结》中的内容。

第二部分对信息的概念进行了界定，通过分析不同版本的信息定义，提出了潜存信息和显现信息的概念，最后给出了本书对于信息定义的理解；第三部分分析了认识论信息，对三个层次的认识论信息：语法信息、语义信息、语用信息进行了一一的阐释。

（2）科学认知活动的信息演化。主要包括三部分：第一部分讨论作为科学认知活动对象的本体论信息，阐释本体论信息如何生成、潜存信息如何向显现信息转化等问题；第二部分讨论进入主体处理阶段的认识论信息，分析语法信息如何向语义信息、语用信息转化，主体在信息处理过程中如何对信息语境化和去语境化；第三部分讨论科学检验过程中的信息运动和转化，即分析科学活动中反复的理论和实验验证。

（3）基于信息演化的科学客观性分析。主要包括三部分：第一部分讨论了科学客观性的内涵，解释了在信息运动的视域下如何理解科学的客观性；第二部分分析了社会建构主义对科学客观性的解构，无论是科学知识社会学还是科学实践哲学都对科学的客观性进行了解构，通过他们的工作也有益于我们来反思传统科学客观性的观念；第三部分则从信息演化的角度对科学的客观性品格进行了维护，无论是科学事实，还是科学理论，科学活动中都存在着保障科学客观性的复杂机制。

（4）科学哲学研究的信息研究进路。主要包括三部分：第一部分讨论了哲学研究的信息主义转向，无论是对于唯物辩证论还是对于科学哲学，哲学的信息主义转向都为其发展带来了新的启示或者契机；第二部分分析了在信息主义的视域下科学实在论的发展和研究，介绍了科学实在论和反实在论的多种版本及其主要主张，认为语境实在论是科学实在论发展的必由阶段，因为语境实在论是一种全信息的实在论辩护策略；第三部分重点分析了个性化知识的哲学内涵，个性化知识不是对普遍性知识的解构，后现代主义对科学普遍性品格的解构是一种极端的相对主义立场，个性化知识体现的是与普遍性知识不同的哲学意蕴，二者相互补充，可以共同组成人类的知识体系。

总的来讲，本书尝试从信息的角度对当前科学哲学界盛行的后现代主义思潮提出反思和批判，从信息演化的角度阐释科学的情境性和去情境性，从而为科学的客观性和普遍性进行辩护，为科学实在论提供一种新的辩护策略。这对于揭示真实的科学形象，解决科学哲学的一些热点问题有着重要意义。同时，通过对科学认知活动中信息演化的分析，反过来辨析信息哲学的一些基本问题，这对于信息哲学的发展也有着积极的意义。

第一章　信息的基本哲学内涵

从信息哲学的角度对科学的认知过程进行考察，对科学哲学的热点问题进行辨析，首先需要厘清本书是在何种意义上来理解“信息”。“信息”一词经历了从日常语言维度到科学语言维度，再到哲学语言维度的理解过程，在不同语境下，对信息的理解是不同的。而且，即便是在同样的哲学维度，不同学者对信息的哲学内涵也持有不同的理解。本书从信息哲学的视角来考察科学认知过程，辨析科学哲学命题，必须有一个对于“信息”一以贯之的基于哲学维度的理解和界定。鉴于本书对信息的哲学界定异于信息哲学界主流的认识，所以有必要首先对本书中所提及的“信息”进行哲学层次的分析，也希望本书对信息的哲学分析有益于信息哲学领域的学术争鸣，有益于信息哲学研究的发展。

第一节　本体论信息

若要将信息哲学进行元哲学高度的理解，如同邬焜教授所声称的那样，“信息哲学把信息作为一种普遍化的存在形式、认识方式、价值尺度、进化原则来予以探讨”①，则必须赋予信息以本体论的地位。如此，信息哲

① 邬焜：《信息哲学：理论、体系、方法》，商务印书馆 2005 年版，第 18 页。

学才具有区别于其他哲学体系的论域，才可以超越关于信息的哲学研究或者信息科学的哲学问题研究。

一、信息的本体论地位

“信息”一词在英语、法语、德语和西班牙语中都是“information”，在日语中意为“情报”，在汉语中通常理解为“消息”。第一次将“信息”一词在科学意义上表述的是美国人哈特莱（R.V.L.Hartley），他在 1928 年发表的《信息传输》一文中首次提出“发信者所发出的信息，就是他在通信符号表中选择符号的具体方式”①。信息论奠基人申农 1948 年首次给出了信息的明确科学定义：信息是用来消除随机不确定性的东西②。申农对信息的定义成为对信息进行科学研究的起点和基础。当然，在对信息进行科学研究过程中，也有诸多的不同定义，例如法裔美国科学家布里渊（L.Brillouin）在申农定义的基础上将信息定义为负熵③。特里布斯（M.Tribes）将信息定义为使概率分布发生变动的东西④。英国精神病理学家艾斯比（W.R.Ashby）将信息理解为变异度⑤。意大利学者隆格（G.Longo）认为“信息是反映事物的形式、关系和差别的东西，它包含在事物的差异之中，而不在事物本身”⑥。

---

① Cf. R.V.L.Hartley, “Transmission of Information”, *BSTJ*, No.7, 1928, pp.535–546.

② Cf. C.E.Shannon, “Mathematical Theory of Communication”, *BSTJ*, No.7, 1948, pp.632–656.

③ Cf. L.Brillouin, *Science and Information Theory*, New York: Academic Press Inc, 1956.

④ Cf. M.Tribes, “Energy and Information”, *Scientific American*, No.3, 1971, p.224.

⑤ Cf. W. R.Ashby, *Introduction to Cybernetics*, New York: Wiley, 1956.

⑥ G.Longo, *Information Theory: New Trends and Open Problems*, New York: Springer-Verlag, 1975.

（一）信息本体论地位的确立

在哲学领域，对信息的研究并非一开始就从元哲学的维度进行，而是主要分析信息科学引发的哲学问题，或者对信息进行某些侧面的哲学分析。这方面的研究最早可以追溯到 1979 年国内著名信息科学家钟义信教授在《自然杂志》上发表的《信息科学》一文，他在文中对信息进行了哲学维度的定义，认为信息是“事物存在的方式或运动的状态以及这种方式或状态的直接或间接的表述”①。

黎鸣是国内对信息进行哲学思考最早的学者之一，他于 1984 年在《中国社会科学》第 4 期发表的论文《论信息》，引发了国内哲学界对信息进行研究的一个小高潮，极大地带动了国内信息哲学的发展。黎鸣在文中从历史的维度考察了人们对信息的认识过程，进而从物质相互作用的角度对信息进行了定义。他将信息归于物质属性，认为“信息是具有更高结构层次的相互作用”②，从而定义信息为“其所属物质系统跟它系统相互作用过程中，以质、能波动的形式所呈现的结构、状态和历史”③。

上海师范学院的陈忠针对黎鸣的信息定义提出不同意见，1984 年他在《哲学研究》第十一期发表《信息究竟是什么?》一文，认为对信息本质的认识应该回归其通信的功能，不应该超越申农对信息的基本界定，即信息就是信宿对信源不确定性的消除。陈忠的研究紧密地结合通信过程，从通信过程的角度总结了信息的目的性、系统性、动态性特征，认为信息的这三个特点是认识信息本质的基础，“也是发展信息科学与信息‘工业’的基础”④。陈忠强调的从信息三个基本特征来发展信息科学与信息“工

① 钟义信：《信息科学》，《自然杂志》1979 年第 3 期。

② 黎鸣：《论信息》，《中国社会科学》1984 年第 4 期。

③ 黎鸣：《论信息》，《中国社会科学》1984 年第 4 期。

④ 陈忠：《信息究竟是什么?》，《哲学研究》1984 年第 11 期。

业”，反映出他对信息的研究依然属于对信息科学的哲学问题的思考，并没有上升到作为元哲学的信息哲学维度。

信息丰富的哲学内涵注定对它的研究不可能囿于申农通信意义上的理解。1985 年中国社会科学院哲学研究所的刘长林副研究员在《中国社会科学》第二期发表《论信息的哲学本性》一文，批判了申农信息概念的局限性，重新将信息的哲学界定上升到信息哲学基本理论的高度。刘长林认为申农的信息概念不能将信息接收者的主观因素分割出来，然而信息是“某种已经现实存在的东西”①，不需要通过主体也可以客观存在。刘长林对信息的分析无疑明确地指明了信息存在的客观性，赋予了其本体论的地位。在这个哲学判断基础上，刘长林将信息认定为“被反映的事物属性，或反映出来的事物属性”②。信息作为一种物质基本属性，是“寓于一切运动形式之中的一类特殊的运动形式”③。通过事物的相互运动、相互作用，事物的属性被其他事物反映出来，从而形成信息。信息是一大类的具有一定相对独立性的特殊存在。刘长林还讨论了信息与物质进化之间的关系，认为信息过程是物质进化的根源之一，因为作为物质普遍存在的一种属性，信息与物质形态的发展变化有着内在的对应联系，与物质的其他属性存在相互促进的关系。刘长林对信息作为客观存在的认定，对于确立信息本体论地位，推动信息哲学元哲学维度研究，甚至对于促进信息哲学体系的建构都具有很大的积极意义。

1986 年，国内信息哲学体系的构建者邬焜教授在《学术月刊》第 6 期发表了《论自在信息》一文，论文集中论述了信息的自在性特征，这为信息哲学体系的构建、为信息哲学元哲学维度的研究奠定了基础。论

---

① 刘长林:《论信息的哲学本性》,《中国社会科学》1985 年第 2 期。

② 刘长林:《论信息的哲学本性》,《中国社会科学》1985 年第 2 期。

③ 刘长林:《论信息的哲学本性》,《中国社会科学》1985 年第 2 期。

文旗帜鲜明地指明了信息的本体论地位，提出自在信息是物质信息客观自在的原始形态。在信息的这个存在状态下，信息是一种纯自然的存在方式，“自身造就自身，自身规定自身，自身演化自身，完成着自身纯自然起源、运动、发展的历程”①。至此，在信息哲学的研究领域，信息的本体论地位得以确立，尽管围绕这一论断，学界一直以来都存在着不同的观点，例如与邬焜教授同单位的霍有光教授就多次发文针对信息的本体论地位进行批判，两位教授有关信息哲学的争鸣被整理为著作《信息哲学问题争鸣》于 2016 年在中国社会科学出版社出版，另外中国青年政治学院的肖峰教授也几次发文表示不认同从本体论的角度认识和理解信息，但在国内信息哲学界，源于邬焜教授多年来不懈的追求和探索，信息作为一种本体的存在，基本已经成为研究信息哲学的共识和出发点。

至于国外学者对信息的哲学研究，学界的关注点主要集中于弗洛里迪的工作。中国社会科学院的刘钢教授认为作为一门独立哲学学科的“信息哲学”是由弗洛里迪创立的，标志就是 2002 年弗洛里迪在西方哲学界权威期刊《元哲学》上发表的《什么是信息哲学?》一文。该文在西方哲学界第一次将信息哲学作为一个独立的探究领域与其他哲学分支并立，提出了信息哲学的研究纲领，所以被认为是信息哲学作为独立学科的标志。弗洛里迪在论文中将信息哲学的研究纲领设定为四部分内容：(1) 以寻求统一信息理论为其研究核心，基本问题就是对信息本质进行反思，同时对信息的动力学和利用进行分析、解释和评价，重点关注在信息环境中引发的系统问题。(2) 主要目的是为各种新老哲学问题提供信息理论的哲学方法。(3) 建立属于原信息哲学理论体系的根基。为创新目标的各个分支提炼理

① 邬焜：《论自在信息》，《学术月刊》1986 年第 6 期。

论分析框架。利用信息的概念、方法、工具和技术来对传统和新的问题进行建模、阐释和提供解决方案。(4) 其方法论为对信息与计算机科学和信息与通信技术及其相关学科中的概念、方法和理论进行系统梳理，为其提供元理论分析框架。①

然而可以看出，弗洛里迪的信息哲学研究并没有从元哲学的维度来构建信息哲学体系，对信息本体论意义也没有进行明确、清晰的阐释，所以在邬焜教授看来，弗洛里迪的信息哲学纲领不是一个严谨的研究纲领，甚至是充满了诸多的逻辑矛盾和随意拼凑。

(二) 信息本体论的不同诠释

信息在何种意义上具有本体论地位？学界对这个问题的回答也可谓是形形色色。肖峰教授在《本体论信息主义的若干侧面》(《江西社会科学》2011 年第 3 期) 一文中总结了四种对于信息本体论的不同诠释。

第一种信息本体论的诠释是语言主义。

信息论对“信息”“消息”“信号”进行了概念上的辨析，指出消息是承载信息的符号序列，信号是传递消息的物质体现，而信息则是消息符号序列中包含的内容，旨在消除信息接受者的不确定性。信息本体论的语言主义用消息的本体论主张来诠释信息的本体论意义，因为语言是信息的最主要表现形式，也是最高级的信息活动形态，所以语言崇拜导致的语言主义可谓是用消息本体性诠释信息本体的典型表现。

语言主义本体论诠释最早可以追溯至古希腊的亚里士多德，亚里士多德提出“是什么”指向的是通过人类语言所构建的世界，而不是人类感觉器官所感知的世界。人类的语言以及思想通过赋予人类所感知世界以

① 参见刘钢：《从信息的哲学问题到信息哲学》，《自然辩证法研究》2003 年第 1 期。

外在形式，从而塑造了世界本身。洪堡特（W.V.Humboldt）的语言主义认为语言具有先在性、基础性、独立性和能动性，语言创造了概念，然后通过概念使得外在的世界成为真实的存在，所以语言是世界存在的基础，换言之，语言不是世界的产物，而是世界的本原[①]，“没有语言，就不会有任何概念；同样，没有语言，我们的心灵就不会有任何对象，因为对心灵来说，每一外在的对象只有通过概念才会获得真实的存在”[②]。美国语言学家萨丕尔（E.Sapir）认为语言符号决定着真实世界，真实世界的差异源于语言符号的差异，“使用不同语言的各社会成员所生活的世界是多种多样的许多世界，而不是具有不同标志的一个同样的世界”[③]。伽达默尔（H.G.Gadamer）认为世界只有进入语言才是“世界”，语言所赋予的对象不限于一事物与另一事物，而是整个世界、整个存在。简而言之，语言主义本体论的核心立场，就是强调“语言决定世间的所有一切，决定世界的存在”[④]。

第二种信息本体论的诠释是信息本源论。

本体论的哲学内涵在于寻找世界本源，泰勒斯的“水”，赫拉克利特的“火”，毕达哥拉斯的“数”，柏拉图的“理念”，黑格尔的“绝对精神”……都是对世界本源的探寻，追求万物的起源，以及对世界作出的终极解释。信息本源论就是在此种意义上认为万物起源于信息，从而赋予信息本体论的地位。

---

① 本书的参考文献中有的用“本原”，有的用“本源”，本书采用不同用法是尊重参考文献中的用法。在本书中两种用法不存在根本性的差别。

② 胡明杨：《西方语言学名著选读》，中国人民大学出版社1999年版，第33页。

③ 萨丕尔：《原始语言中的概念范畴》，伍平译，上海教育出版社1986年版，第34页。

④ 肖峰：《本体论信息主义的若干侧面》，《江西社会科学》2011年第3期。

物理学家惠勒（J.A.Wheeler）所主张的“万物源于比特（it from bit）”就是信息本源论的典型代表。“Bit”是申农命名的信息量度单位，后来在英语中也习惯上与“信息”同义，所以“万物源于比特”也就是“万物源于信息”之意。作为一位物理学家，惠勒对世界本源的思考经历了从“世界的本源是粒子”，到“世界的本源是场”，最后再到“世界的本源是信息”的变化。惠勒认为无论粒子还是场都不是世界的本质，信息才是世界的本质，信息是世界的最初存在方式，粒子或者场都是信息的派生物，也即是说先有信息后有粒子和场，信息是第一性的，物质是第二性的，“所有的物理实体，所有的物，都来自比特”①。在这里，惠勒就彻底颠覆了申农对信息的定义，信息不再需要物质载体，罗斯扎克（T.Roszak）对此感叹道：“这真是一个令人惊讶的宣言，好像单纯的信息可以拼凑出任何东西。”②

第三种信息本体论的诠释是实在论意义上的信息本体论。

在肖峰教授的《本体论信息主义的若干侧面》一文中，将实在论意义上的信息本体论归为第三种信息本体论。笔者认为这种归类是可疑的，实在论意义上的信息本体论并不具有异于第一种信息本体论或第二种信息本体论的哲学内涵。肖峰教授将实在论意义上的信息本体论分为两种情况，第一种情况是在定义信息时，将信息与信息的载体视为同一的东西，在赋予信息载体本体实在性的同时也赋予了信息的本体实在性。回顾前面谈到的第一种信息本体论，即语言主义信息本体论诠释，无疑属于此种情况，在强调语言的实在性的同时也赋予了语言内含信息的实在性。肖峰教授论述的第二种情况指的是信息的内容具有实在性，甚至信息是比物质更实在

① 惠勒：《宇宙逍遥》，田松等译，北京理工大学出版社 2006 年版，第 334 页。

② 罗斯扎克：《信息崇拜》，苗华健等译，中国对外翻译出版公司 1994 年版，第 14 页。

的东西，世界的实在性需要用信息的实在性来说明，“信息是统一世界的基础，物理的、有形的世界倒是应当由信息得到说明的东西”①。由此很容易看出，前面提到的第二种信息本体论版本，即信息本源论，和此种情况是同一的。当然，肖峰教授也意识到这个问题，他亦在文中明确指出：“从信息的实在性的本体论主张，到信息是唯一的实质的‘唯信论’主张，实际上和‘一切皆信息’的主张是完全一致的，它们所期望的都是一种‘本体论转移’（ontological shift）。”②

由此可见，第三种信息本体论版本的分析是完全没有必要的，可以归于前两种信息本体论的版本。

第四种信息本体论的诠释是变相的信息本体论。

此种版本的信息本体论与第一种版本的信息本体论相比，它不需要通过认定信息载体的实在性来赋予信息的实在性，而是认为信息与信息载体同样实在，信息的实在不是由信息载体的实在性决定的。与第二种版本的信息本体论相比，它并不否认物质实在同样具有第一性，信息本源论是一种信息一元论的本体论主张，而变相的信息本体论是物质、信息二元论的本体论主张，物质与信息都是第一性的实在，信息无法派生物质，同样信息也不是由物质派生居于第二性的存在。

此种版本的信息本体论虽然不否认物质的第一性，但物质除了作为信息载体，再无更多哲学意义，世界的一切现象、一切运动都可以归结为信息的运动和展开，也就是说信息是解释世界的终极原因。

在邬焜教授所构建的信息哲学体系中，信息的本体论意义似乎并不属于肖峰教授归纳的四种信息本体论中的任一种。邬焜教授对信息的定义

① 肖峰：《本体论信息主义的若干侧面》，《江西社会科学》2011 年第 3 期。

② 肖峰：《本体论信息主义的若干侧面》，《江西社会科学》2011 年第 3 期。

为："信息是标志间接存在的哲学范畴，它是物质（直接存在）存在方式和状态的自身显示。"① 邬焜教授通过对存在领域的重新划分(见图 1.1②)，赋予了信息间接存在的本体论地位。

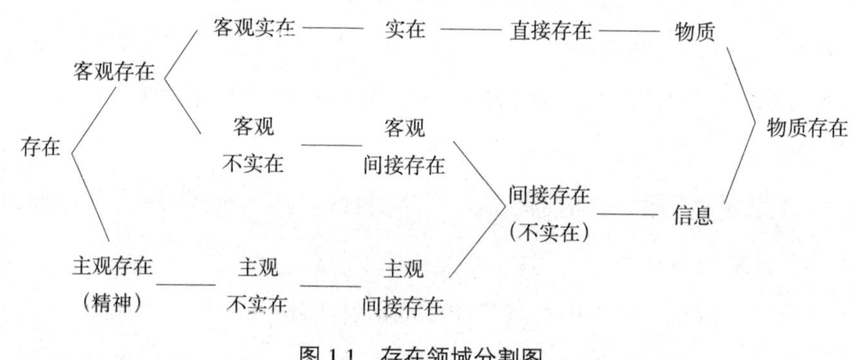

图 1.1　存在领域分割图

二、信息与实体的本体论优先性问题

前面提到本体论信息的不同版本，对信息本体论地位的不同认识，多源于对信息与实体关系理解的差异。要准确把握信息的哲学内涵，乃至对其下一个准确定义，首先需要厘清信息与实体的关系。这里，我们首先来讨论信息与实体的本体论优先性问题。

信息与实体在本体论意义上的优先性问题，不外乎三种回答：实体优先，信息由实体派生，是第二性的存在；信息优先，实体由信息派生，是第二性的存在；实体与信息同时生成，都是第一性的存在，不存在谁派生谁的问题。

① 邬焜：《信息哲学：理论、体系、方法》，商务印书馆 2005 年版，第 45—46 页。

② 邬焜：《信息哲学：理论、体系、方法》，商务印书馆 2005 年版，第 39 页。

（一）实体优先

前面讨论的本体论四种版本中的第一种版本在广义上讲就是强调实体在本体论意义上的优先地位，只不过我们通常讨论的实体是物质，而语言主义所强调的实体是语言，即“语言不是产物，而是实体即本原”[①]。强调实体优先，就是持本体一元论的观念，这里的本原可以是物质，也可以是语言或者其他什么东西。信息被视为是实体的派生，信息的实在性是由实体的实在性赋予和确定的。

这里我们特别讨论物质一元论的唯物主义的情况。“马克思主义哲学以物质概念取代实体作为哲学的最高范畴”[②]在一些唯物主义者看来，物质的本体优先权是唯一的，意识属于物质的派生概念，信息也不例外。然而，随着科学和哲学的发展，学界逐渐认识到非实体存在对于实体存在和演化的重要性。作为事物差异性表现的信息，自然也决定着某种事物自身质的规定性，一事物之所以区别于其他事物便在于信息。所以，不存在不蕴含信息的“裸实体”。苗东升教授将物质派生信息的唯物主义立场视为机械唯物主义的表现，他认为当代自然科学的发展，特别是复杂性科学、信息科学的兴起，也为唯物主义的发展提供了新的实践依据，唯物主义需要摆脱传统机械唯物主义的束缚，发展新的形态。苗东升教授认为传统唯物主义的一个重大缺陷在于否认客观非物质的存在，即认为世界上的非物质仅限于意识。苗东升教授认为解决信息基本问题的关键点在于在本体论问题上贯彻彻底的辩证法，“物质天然地具有自己的否定者（他物）——非物质，非物质不能存在于物质之外，而是物质内在具有的自我否定因素。我们把非物质称为信息”[③]。

① 肖峰：《本体论信息主义的若干侧面》，《江西社会科学》2011 年第 3 期。

② 冯契：《哲学大辞典》，上海辞书出版社 2007 年版，第 23 页。

③ 苗东升：《评惠勒的信息观》，《华中科技大学学报》（社会科学版）2008 年第 2 期。

我们来分析邬焜教授的信息定义中所涉及的本体优先性问题。如果从世界本源的角度来理解本体论，则邬焜教授定义的信息，“物质（直接存在）存在方式和状态的自身显示”，是“标志间接存在的哲学范畴”，则就不具有本体论意义。从邬焜教授将信息认定为客观不实在，可以看出信息是从不受主观影响的角度来作为本体存在的，即信息的存在是具有客观性的，不以主体意识而转移。如此一来，就维护了物质一元论的唯物主义立场，同时也赋予了信息本体论地位，信息是由物质派生，但是客观的存在。

（二）信息优先

惠勒的“万物起源于比特”无疑就属于典型的信息优先本体论立场，此种立场是信息一元论，坚持信息是世界本源，所有的东西，包括物质，都是由信息派生。

在有的信息本体论版本中，将“关系”视为信息的范畴，在这个意义上讲，关系实在论同惠勒的“万物起源于比特”并无根本性的区别。如同惠勒认为世界是由信息组成的，信息比实体更具有本源性，维特根斯坦认为世界是由事实组成，而非事物。当关系实在论将物与物之间的关系视为实在而且是更具本源性的实在的时候，就在一定程度上显示出关系一元论的哲学倾向。

与关系实在论异曲同工的还有本体论的结构实在论，本体论的结构实在论认为结构是基本的存在，而实体只是“占位者”，是派生概念。它们以量子力学中全同粒子与量子态之间的关系为例为这种结构本体论优先的观点进行辩护：在经典理论中，两个基本粒子在两个状态之间的分布具有4种分布状态。而在量子力学中，两个玻色子与两个量子态却只具有3种分布状态，从而证明基本粒子不具有独立的个体性，关系比个体更具有本体论上的优先地位。本体论的结构实在论所面对的批判主要在于，在哲学上我们很难赋予柏拉图式的数学结构以本体论的优先地位，没有物理诠释的数学结构甚至都不具有本体的意义。没有理由认为关系在本体论上优先于性质和实体。理由很简单：任何关系必须假定关系者的存在，关系必须由关系者形成。①

信息一元论的立场很难维护，因为无法想象不存在物质载体的信息存在，并且也无法解释物质如何由信息生成。并且，既然物质是由信息派生的，没有物质的情况下，信息如何存在和运动？信息是否有起源？信息又是如何产生的？苗东升教授认为信息一元论很难对上述问题作出合理回答。

（三）实体与信息同时生成

肖峰教授总结的变相的信息本体论内含了实体与信息同时生成的观点。此种信息本体论版本不否认物质的第一性，承认信息离不开物质载体；同时也不认为信息是由物质派生，是居于第二性的存在，因为在此种本体论立场里，物质是某种“惰性”的东西，除了承担信息载体的角色外，似乎再无更多哲学内涵，世界的演化、现象的变化都是由信息的展开来解释。

在此种本体论立场中，信息不能派生物质，物质同样无法派生信息，二者的关系如同苗东升教授所描述，是物质与非物质的一对辩证存在关系，二者都是第一性的存在，“物质与信息是相互依存的两个方面，无所谓孰先孰后，有物质就有信息，有信息就有物质，凡信息都是物质的信

---

① Cf. T.Y.Cao, *From Current Algebra to Quantum Chromodynamics*, Cambridge: Cambridge University Press, 2010, p.211.

息，凡物质都是内蕴着信息的物质”[①]。这里就隐含了物质、信息二元论的立场。尽管苗东升教授强调他坚持物质一元论观点，但既然物质无法派生信息这种非物质存在，那如何主张彻底的一元论立场呢？

三、本体论信息的意义[②]

自20世纪80年代信息作为一个重要研究对象进入哲学视野以来，尽管对信息的定义有着诸多的版本，围绕信息哲学内涵的解读也是众说纷纭，但信息作为主体之外的客观存在，其本体论的地位基本得以确立。当然，对于信息的本体论地位，学界也并非没有不同的声音，肖峰教授曾提出信息概念应该回归其“属人性”，是“主体对对象的感知、辨识和建构”[③]，这样一来，信息概念便与其日常用法保持了连续性。

针对国内信息哲学界通常将信息定义为物质形式或状态的显现，肖峰教授认为显现属于认识论的范畴，只有存在主体认识活动这个前提，认识对象才会发生所谓的“显现”，也就是说，客体对象不可能脱离开主体而“显现”。所以肖峰教授认为认识论意义上的信息定义是信息的终极定义，并不存在本体论意义上的信息定义，信息只能从认识论的角度去进行阐释，存在于主体之外的客体中的所谓“信息”并非信息，而是属性。信息只是主体看出来、听出来、想出来的东西，而非客观自在的东西，对信息的解读只能基于认识论层次而不能基于本体论层次。

对于肖峰教授将信息概念限定于认识论意义上的观点，笔者是不认同

① 苗东升：《评惠勒的信息观》，《华中科技大学学报》（社会科学版）2008年第2期。

② 此部分内容的主体部分采用了作者本人在《自然辩证法研究》2016年第5期所发表论文的部分内容。

③ 肖峰：《本体论信息主义的若干侧面》，《江西社会科学》2011年第3期。

的。原因在于，当前无论在科学、技术、经济、社会等领域，还是在哲学领域，信息的概念已经愈发被重视，其重要的哲学内涵已逐渐被揭示。当代学者已经敏锐地意识到，自然界存在和演化的多样性和复杂性的根本原因在于信息而非实体本身。一事物区别于他事物的内在规定性在于信息，所以有学者将信息定义为“事物之间的差异，而不是事物本身”①。根据量子纠缠效应实现的量子传输现象表明，只要获取组成人体的所有微观粒子的量子态，利用量子纠缠技术，可以超时空地制备人体，这就是所谓的“超时空穿越”。另外，根据当前粒子物理学的研究，宏伟的帝国大厦，若只计算其实体空间，只有米粒大小。可见，与实体相比，非实体的东西才是更为重要的存在，才更具有科学认知的意义。并且，对本体论信息的研究已经使得认知科学、生命科学，以及认知哲学、生命哲学的研究取得突破性进展，使得学界得以揭示认知现象和生命现象的内在机制。例如，李曙华教授在生命系统生成演化规律的探索中发现，信息是“使物质和能量有序的基本法则或模式”②。

承认本体论信息的存在，就是在某种意义上赋予信息客观性品格；而否定本体论信息，认为信息与主体密不可分，则是否定信息具有客观性。对于信息客观性的否定，容易走上唯心主义的道路。科学的目的在于对客观自然界的属性、规律等进行认识，认识的手段是通过解读经验现象中包含的信息来达到这种认识，若否认信息的客观性，就等于否认现象客观上蕴含着客体的本质属性，也就是说关于某物的属性只有在我们认识到它的时候它才是存在的，这显然是唯心主义的立场。

赋予信息客观性品格，也是科学和哲学发展的必然呼唤。如上所述，

---

① 钟义信：《信息科学原理》（第五版），北京邮电大学出版社 2013 年版，第 58 页。

② 李曙华：《信息——有序之源：探索生命性系统生成演化规律（一）》，《系统科学学报》2014 年第 2 期。

自然界非实体的存在及其在科学和哲学中的重要性已经被揭示。当然，在科学或哲学上，承认非实体存在的客观性与将这种客观存在的非实体鉴定为信息并不具有逻辑必然性。然而，从科学或哲学发展的角度看，将这些客观的非实体统一到信息的范畴，无疑有助于信息科学和信息哲学的发展，有助于进一步揭示这些客观的非实体存在在主体认知过程、生命生成过程中起到的关键作用，有助于进一步揭示其丰富而复杂的哲学内涵。并且，现实的科学和哲学也是如此进行的。

所以，无论是科学的探索还是哲学的研究都无法无视或回避本体论信息，纵然信息概念在早期提出时或在日常用语中仅限于认识论意义，但随着科学和哲学的发展，学界有必要对信息的概念进行拓展和延伸。只承认认识论信息而否定本体论信息的做法，无疑"是一种理论上的倒退"①，也不符合当前科学和哲学研究的实际现状。

邬焜教授在多篇文章中对肖峰教授解构信息本体论意义的立场进行了积极的回应，认为否定信息的本体论地位，"不仅无法解释日益发展的信息科学、信息技术、信息经济、信息社会的现实，也无法正确揭示人的认识活动的具体机制和过程，而且也无法阐明信息科学与信息哲学已经和将要在科学和哲学领域所实现的范式转型的根本性变革的意义和价值"②。

第二节　信息概念的界定

确定了信息的本体论地位，分析了信息与实体在本体论意义上的先后

① 邬焜：《中国信息哲学核心理论的五种范式》，《自然辩证法研究》2011 年第 4 期。

② 邬焜：《中国信息哲学核心理论的五种范式》，《自然辩证法研究》2011 年第 4 期。

关系，这有助于我们进一步确定信息的本质，给出信息的定义。无论是信息哲学作为元哲学的体系构建，还是本书通过信息演化的维度来考察科学的认知过程或解决科学哲学关心的问题，都必须以信息的定义作为理论基础和前提。

一、关于信息定义的争论

自从信息成为一个科学概念，对信息本质的认识就成为学界的一个热点问题，围绕如何定义信息的问题，引发学界激烈的学术争鸣，形形色色的关于信息的定义层出不穷，钟义信教授对学界流行的信息定义进行了整理，居然达 31 种之多。①

邬焜教授在《中国信息哲学核心理论的五种范式》一文中总结了国内信息哲学研究主流的关于信息定义的五种版本：状态说、相互作用说、反映说、意义说和自身显示的间接存在说。抛开不承认信息本体论地位的以肖峰教授为代表的意义说，实际上是四种版本。

（一）状态说

邬焜教授认为将信息定义为状态范畴最早出现在钟义信教授 1979 年在《自然杂志》发表的《信息科学》一文。钟义信教授在文中将信息定义为“事物存在的方式或运动的状态以及这种方式或状态的直接或间接的表述”②。在《信息科学原理》（第五版）中，钟义信教授将信息的定义进行了本体论和认识论意义上的分离，将本体论信息定义为“某事物的本体论

① 参见钟义信：《信息科学原理》（第五版），北京邮电大学出版社 2013 年版，第 58—59 页。

② 钟义信：《信息科学》，《自然杂志》1979 年第 3 期。

信息，是指该事物所呈现(所表述）的运动状态及其变化方式”①。将认识论信息定义为“主体关于某事物的认识论信息，是指主体所表述的该事物运动状态及其变化方式，包括运动状态及其变化的外在形式、内在含义和效用价值”②。

为什么要用“事物呈现的运动状态及其变化方式”来定义本体论信息呢？钟义信教授认为这是因为事物的一切性质都可以通过分析其“呈现的运动状态及其变化方式”得到，它是这个事物一切性质和知识之源。

钟义信教授对信息的定义是一个不断发展的过程，中间也出现过认识上的反复。例如，他在《信息科学原理》（第三版）中，曾将信息定义为“信息，就是该事物运动的状态和状态改变的方式的自我表述/自我显示。”③ 与上述提到的《信息科学原理》(第五版）中信息定义版本相比，此种版本更被邬焜教授所认同，他认为这是“中国的信息科学和信息哲学关于信息的本体论界定的殊途同归的汇合”④。但十年之后，钟义信教授又将信息的定义从“状态的显示”改变为“显示的状态”，这无疑是钟义信教授对信息定义的否定之否定，因为“状态”不等同于“状态的显示”，这是两个范畴的概念，前者认为信息就是状态，后者认为信息是关于状态的信息，苗东升教授在《信息复杂性初探》一文中明确区分了这两种对于信息的定义，“一本书向你介绍宇宙飞船的结构，你头脑中获得的是关于飞船结构的信息，而非那个庞然大物的实际结构进入你的大脑，并储存起来。这类定义混淆了状态与状态信息、结构与结构信息、过程与过程信息。实际上，状态≠状态信息、过程≠过程信

① 钟义信:《信息科学原理》（第五版），北京邮电大学出版社 2013 年版，第 66 页。
② 钟义信:《信息科学原理》（第五版），北京邮电大学出版社 2013 年版，第 67 页。
③ 钟义信:《信息科学原理》（第三版），北京邮电大学出版社 2002 年版，第 50 页。
④ 邬焜:《中国信息哲学核心理论的五种范式》，《自然辩证法研究》2011 年第 4 期。

息、结构≠结构信息”①。

信息的状态说在国内学界产生了广泛影响，许多学者都采用了钟义信教授的定义。例如，杨伟国博士认为：“‘信息’，正是一种不是物质，不是能量，而是一种先述状态的新事物。”② 罗先汉教授认为：“物质的实在状态（有关特征参量的取值）及其相关规律，正是信息的含义。”③

（二）相互作用说

邬焜教授认为黎鸣对信息的定义属于相互作用说，理由是黎鸣在其文章《论信息》和《力的哲学和信息的哲学》中提到“力和信息均属于物质的相互作用范畴”④。另外，在黎鸣的关于信息的定义中，也提到“信息是物质的普遍属性；它表述它所属的物质系统，在同任何其他物质系统全面相互作用（或联系）的过程中，以质、能波动的形式所呈现的结构、状态和历史”⑤。

从黎鸣对信息定义的表述中可以看出，用相互作用说来总结黎鸣的信息定义是不甚准确的，黎鸣将信息认定为物质的属性，关于物质结构、状态和历史的属性。物质之间的相互作用或联系是信息呈现的途径。

（三）反映说

刘长林将信息定义为“被反映的事物属性，或反映出来的事物属

① 苗东升：《信息复杂性初探》，《华中科技大学学报》（社会科学版）2007年第5期。

② 杨伟国：《“信息思维”的新探索》，京港学术交流中心1998年版。

③ 罗先汉：《物信论——多层次物质信息系统及其哲学探索》，《北京大学学报》（自然科学版）2005年第3期。

④ 黎鸣：《力的哲学和信息的哲学》，《百科知识》1984年第11期。

⑤ 黎鸣：《论信息》，《中国社会科学》1984年第4期。

性”[①]。他认为事物的属性是产生信息的本源，但属性不是信息，属性只有以别的一种形式在另一事物中被反映出来时，才可以成为现实的信息。反映的手段是物质之间的相互作用，物质与物质之间发生相互作用时，被作用物会被作用物以某种特定的方式打上作用物的印痕，印痕虽然留在被作用物之上，却与作用物有着一定方面一定程度的相似性。“印痕中包含的相似性是以被作用物体特有的反应和变形对作用物体属性的再现，是被反映出来的作用物体的属性。作用物是信息的传出者，被作用物是信息的接受者。”[②]所以，有相互作用就有反映，有反映就有信息，相互作用的普遍性决定了信息的普遍性。

邬焜教授对刘长林的信息定义提出两点批评意见：第一，反映说需要预设信宿的存在，即一事物的属性需要通过另一事物来反映，这不具有本体论意义上的直接性。第二，用“事物属性”来规定信息范围显得过于狭窄，信息的内容不仅仅是事物的属性，还包括事物的样态、关系，以及变化发展的趋势等等。

笔者认为邬焜教授对刘长林信息定义的批评是出于误解或者对刘长林论文的误读。因为这两点批评刘长林在论文中均有所考量。对于预设另一事物作为信宿存在的批评，事实上刘长林在论文中特别提到事物可以自我反映，因为任何物质都是系统的存在方式，具有深层次的内部结构，物质的属性可以通过内部深层次的相互作用将物质的信息传输出去。另外，“还可以把系统自身的属性看作是系统的自我反映，它既是反映者，又是被反映者，二者合而为一。这是反映中的一种特例”[③]。可见，刘长林考虑了事物自己反映自身信息的情况。对于第二个批评意见，刘长林在文中

① 刘长林：《论信息的哲学本性》，《中国社会科学》1985 年第 2 期。

② 刘长林：《论信息的哲学本性》，《中国社会科学》1985 年第 2 期。

③ 刘长林：《论信息的哲学本性》，《中国社会科学》1985 年第 2 期。

其实也有做进一步扩展，他提到："信息的普遍性表明，任何事物都有将自己的结构、秩序、功能、形式、样态等一切属性传给其他事物的能力，同时也有再现其他事物属性的能力。"①可见刘长林文中谈到的事物的属性是一种广义上的属性，包含了事物的样态、关系，以及变化发展的趋势，等等。

（四）自身显示的间接存在说

邬焜教授将自己对信息的定义总结为自身显示的间接存在说，他强调他对信息定义的界定是基于物质世界自身显示自身的层面，以及信息与物质在存在方式上的根本区别。所以，他认为自己的信息定义与反映说的区别在于信息的产生不需要依赖于信息接受者的反映。另外，他将信息认定为间接存在，即物质的派生，是一种间接的存在。如此，便在逻辑起点上仍然坚持了唯物主义的立场。

分析邬焜教授的信息定义，再结合我们上面提到的刘长林信息反映说中对邬焜教授批评的回应，可以看出邬焜教授的信息定义与刘长林的信息定义并没有本质上的区别，都是将信息理解为物质属性的反映或显示。

二、信息的性态说

通过对以上四种信息定义的分析，可以将这些信息定义分为两种，一种是将信息认定为物质显示出的部分属性。此种定义强调了信息的两个特征，一个是"已经显示"，黎鸣特别强调了这种显示是基于物质之间的相互作用；另一个是物质属性范畴，这些属性可以是钟义信教授所提到的状

① 刘长林：《论信息的哲学本性》，《中国社会科学》1985 年第 2 期。

态，罗先汉教授提到的规律，也可以是黎鸣提到的结构、状态和历史。

另一种信息定义是将信息认定为物质属性的显示。刘长林的反映说和邬焜的自身显示说都是此种情况。该信息定义与上述信息定义的区别在于，上述信息定义认定信息就是属性，而此种定义认定信息是属性的显示。

抛开不承认信息本体论的信息定义，抛开类似于惠勒唯信论的极端版本，还存在着不同于前两种信息定义的定义方式，这也是本书关心和认同的定义版本。

（一）信息性态说观点

本书比较认同的是肖峰教授总结的变相的信息本体论。变相的信息本体论将信息定义为物质属性，这个属性是广义的属性，包含了物质的结构、状态、历史，也包含了物质的规律、关系、变化、发展趋势等。为了说明此种信息版本的“广义属性”特征，我们将此种信息定义版本总结为信息的性态说。

信息的性态说在世界本源的问题上坚持物质与信息同时生成的观点，认同苗东升教授对于唯物主义的发展，即有物质就必定有非物质，“物质天然地具有自己的否定者（他物）——非物质，非物质不能存在于物质之外，而是物质内在具有的自我否定因素。我们把非物质称为信息”①。作为非物质存在的信息既包括不以主体意志为转移的客观非意识信息，也有受主体影响的意识信息。前者为本体论信息，后者为认识论信息。信息是物质所有性态的总和，在本体论存在的意义上，物质与信息都是第一性的存在，不存在谁派生谁的问题，因为不能想象作为非物质存在的信息如何脱

① 苗东升：《评惠勒的信息观》，《华中科技大学学报》（社会科学版）2008 年第 2 期。

离开物质载体而单独存在，也不能想象不具有任何性态的“裸物质”的单独存在。在存在的意义上，物质都是具有一定性态的物质，信息也都是依附于具体物质之上的信息。

在本体论意义上，虽然物质与信息都是第一性的存在，但信息才是解释世界变化、发展的终极原因。许多学者将信息定义为物质之间的差异，这在某种程度上就是强调信息才是解释世界多元性、多样性的根本原因。例如，格鲁斯科夫和毕斯朵夫斯基认为，“信息是现实世界的客观属性，它是物质和能量在空间和时间中分布的差异性(不对称）的表现”①。隆格也认为，“信息是反映事物的形式、关系和差别的东西，它包含在事物的差异之中，而不在事物本身”②。将信息的本质理解为物质之间的差异，就是强调信息是物质的质的规定性，信息是一事物区别于另一事物的全部特征总和，所以信息是事物自身的肯定性因素。刘长林认为仅仅将信息理解为差异性是不全面的，因为世界中除了差异性之外，还有同一性，“无限的宇宙和有限的具体事物都是差异与同一的统一。任何事物的差异性必定与一定的同一性相联；反之，任何事物的同一性也必然包含着一定的差异性。”③在承认信息是事物差异性的同时，强调信息也是事物的同一性，这是强调信息也是事物自身的否定性因素。差异性与同一性的统一构成了对信息辩证统一的认识。

无论信息是差异性，还是差异性与同一性的统一，都说明信息是事物自身的规定性，是事物所有性态的总和。假设可以将信息从物质载体上剥

① 康斯坦丁·科林、邬焜：《信息的现实结构、本质和信息科学的哲学基础》，《西北大学学报》（哲学社会科学版）2012 年第 2 期。

② G.Longo，*Information Theory：New Trends and Open Problems*，New York：Springer-Verlag，1975.

③ 刘长林：《论信息的哲学本性》，《中国社会科学》1985 年第 2 期。

离，作为没有信息附载的“裸物质”是没有任何意义的。肖峰教授认为此种信息本体论版本只给物质留下了无关紧要的、消极惰性的“质料因”，“物质是为了信息而来到‘世间’的，信息就是物质的‘目的因’、‘形式因’和‘动力因’，而物质不过是那无关紧要的、消极惰性的‘质料因’而已”①。事实上，肖峰教授的此种解读依然是不彻底的，因为质料的差异性也是信息的范畴，没有理由认为物质的目的因、形式因和动力因属于信息，而质料因属于物质。信息的存在和演化构成了自然界存在和演化的全部基础，对自然界多样性和复杂性的揭示在于理解信息的存在和演化。

作为物质全部性态的总和，信息的展开过程解释了宇宙的本质和生命的本质。“宇宙早期微小混沌体内由基本粒子所携带的信息，是相继建造具有星系、恒星和行星等诸多层次天体系统的基本物质信息。太阳就是通过大量粒子、原子和离子及其统计平均信息的协同控制作用而生存发展的。生物大分子是在粒子、原子和分子的基础上，又叠加有核苷酸、氨基酸和蛋白质的更多层次的物质信息系统，其生存发展取决于天地之间诸多复杂因素的长期协调作用。”②

信息的性态说的本体论立场指明了信息是解释物质演化过程的基础，而不是用物质作为解释信息的基础。从因果关系上讲，信息的展开是物质运动的原因，而不是相反。信息展开不是物质运动过程的“信息总结”，不是一种事后的认识，不是物质决定信息，而是信息决定了物质的规定性。虽然在直接存在的意义上物质是信息的载体，但物质也仅仅是“帮助”信息实现自身展开的载体。正如同道金斯（R.Dawkins）对生命现象的说明：“一切生命无非是基因的载体，生命是非物质的，只有基因（遗传信

① 肖峰：《本体论信息主义的若干侧面》，《江西社会科学》2011 年第 3 期。

② 罗先汉：《物信论——多层次物质信息系统及其哲学探索》，《北京大学学报》（自然科学版）2005 年第 3 期。

息）才是真实的存在……使人产生的直接联想是：物质是为了信息而来到‘世间’的。”①

应该说信息的性态说在学界也有相当的市场，与国内学界相比，似乎西方学者更易于接受这种信息的定义。俄罗斯信息哲学研究学者康斯坦丁·科林教授也提出类似的信息定义，认为信息是真实的物理现象，是物质或能量的状态和运动的特征。信息与物质和能量不可分离，物质和能量是信息的载体，信息是物质和能量的属性，也即是说，“信息是物质和能量的内在性质”②。

（二）潜存信息与显现信息

比较信息的性态说与前面论述的两大类信息定义版本，可以发现信息的性态说包含了第一类信息定义版本，或者说信息的性态说将信息的范畴在第一类信息定义版本的基础上进一步拓展了。第一类信息定义版本强调信息的两个特征，一个是“已经显示”，另一个是物质属性。信息的性态说将这两个特征都进行了延伸，首先，性态说将信息定义为物质所有性态的总和，显然已经不限于已经显示的性态，还包含了未显示的性态。因为如果用信息的展开来解释宇宙和生命的本质的话，就必须将物质的所有性态都归在信息的范畴。其次，性态说包含了物质的所有性态，自然也包含了第一类信息定义版本中提及的物质的状态、规律、结构、状态、历史等。所以说，信息的性态说是第一类信息定义版本的拓展和延伸，是相对于第一类信息定义版本更广义的信息定义。

为了在理论上使得性态说包含第一类信息定义版本，我们可以定义潜

---

①　肖峰：《本体论信息主义的若干侧面》，《江西社会科学》2011 年第 3 期。

②　康斯坦丁·科林、邬焜：《信息的现实结构、本质和信息科学的哲学基础》，《西北大学学报》（哲学社会科学版）2012 年第 2 期。

存信息和显现信息来实现二者之间的归化。潜存信息指的是那些未被显示的信息，而显现信息则指的是已经得以显示的信息。从理论上讲，主体永远无法分辨出物质的哪些属性属于潜存信息，哪些属性属于显现信息，这源于主体认识的局限性。我们只能断言，已经被主体认识的物质属性属于显现信息，但显然还存在着未被主体认识但已经显示的显现信息。例如，在射电望远镜出现之前，宇宙射线中已经包含着关于天体的信息，这些信息未进入主体认识范围，但它是客观存在的，是自在信息。我们甚至无法断言，潜存信息是否绝对地成立，因为也存在物质所有属性已经显示的可能。"物质所有属性已经全部显示"这个命题是无法证伪的，因为人类的认识永远具有局限性，任何时候我们都无法断言人类可以达到对世界的彻底认识。从辩证唯物主义的观点出发，任何物质都是运动着的，都是处于相互作用中的，既然运动和相互作用是无处不在的，那么我们有理由相信物质的所有属性都是被显示的，从这个角度讲，也就无所谓潜存信息和显现信息的区分。那么关于本体论信息的定义也就没有必要限定信息是被"显示"的性态，因为物质的所有性态都是被显示的，不存在未被显示的性态。在这个意义上讲，信息的性态说与第一类信息定义版本就没有本质区别。

（三）性态说与反映说之辩

苗东升教授和邬焜教授都强调显示的属性不等于属性的显示，前者属于物质的子范畴，后者才是信息的本质。

首先，事物的客观性态归于物质世界内容的观点不具有逻辑上的必然性。因为，"实体有属性，但自身不是一种属性，实体的存在表现为属性的变化"[①]。可见，实体与属性在逻辑和概念上是可以分离的。在马克思主

① 冯契：《哲学大辞典》，上海辞书出版社 2007 年版，第 28 页。

义哲学中，物质是能动的，是一切属性的基础。该命题在信息性态说的视野下可以诠释为：物质不同于属性；物质的属性属于信息范畴，物质的能动性正是信息展开、运动的体现。

其次，按照邬焜教授的信息定义，信息是物质的自身显示，并不需要预设信宿的存在。那么物质自身显示的是什么呢？显然是物质的性态，宇宙射线显示的当然是天体的性态。我们从通信的角度来理解信息的概念，因为这里我们讨论的是本体论意义上的信息定义，所以这里的通信只能是物与物之间的通信，A 事物作用于 B 事物，B 事物留下了 A 事物的信息，例如彗星撞击地球之后，地球表面留下了巨坑、积水。那么 B 事物作为信宿留下了 A 事物的什么信息呢？显然是 A 事物的性态。当然，B 事物留下的是关于 A 事物的性态的信息，性态不等于性态信息，也就是说性态不等于性态的反映、显示、表征。但如果我们考虑到信息的自在性，如果不存在 B 事物，不存在接受 A 事物信源信息的信宿，那么 A 事物的自在信息又是什么呢？显然不能是反映、显示、表征，只能是 A 事物的性态。肖峰教授在《信息的实在性与非实在性》一文中提到还存在一种信息的分类，将信息分为："实有信息（信源包含的全部信息）、实在信息（信道中存在的信息）和实得信息（信宿实际获得的信息）。"① 实有信息显然指的是我们前面定义的潜存信息，实在信息与我们定义的显现信息是一致的，指的是物质自我显示的性态，而实得信息则指的是信宿对性态的反映、显示、表征。

苗东升教授在《信息复杂性初探》一文中有异曲同工的表述，他将未被表征的事物的性态定义为元信息，只有当事物的性态被信宿表征时，才产生现实的信息。苗东升教授认为元信息不是信息，只有现实的信息

---

① 肖峰：《信息的实在性与非实在性》，《哲学研究》2010 年第 2 期。

才是信息。“没有元信息当然谈不上信息，但信息≠元信息，有必要加以区分。”[①] 很显然，无论我们定义的潜存信息和显现信息，还是肖峰教授所谈及的实有信息和实在信息都属于元信息的范畴，都不被苗东升教授认定为信息范畴，只有实得信息才是信息。并且，苗东升教授认为钟义信教授定义的“显示的性态”，邬焜教授定义的“自在信息”都是元信息的范畴，显然苗东升教授认为邬焜教授的信息定义是将信息归于物质性态的范畴。

康斯坦丁·科林教授也在《信息的现实结构、本质和信息科学的哲学基础》一文中有与笔者相同的认识，本书定义的潜存信息和显现信息在康斯坦丁·科林教授的表述中是“信息的物理性质”，是“信息的‘第一性的’或‘依附性’性质，它是从现实世界对象的物质和能量的差异性中产生出来的”[②]。而肖峰教授所表述的实得信息，以及苗东升教授表述的现实的信息，在康斯坦丁·科林教授看来则属于“二次派生的”信息，“这种派生的信息是对本源信息的一种‘反映’，它可以脱离本源信息而存在”[③]。这里的本源信息指的就是物理信息。

通过以上分析，潜存信息、显现信息与肖峰教授所提及的实有信息、实在信息是同一的，都属于苗东升教授所定义的元信息范畴，也对应康斯坦丁·科林教授所定义的物理信息。我们的性态说定义就是在此种意义上来定义本体论信息。反映说对信息的定义对应的是肖峰教授提及的实得信息和苗东升教授提及的现实的信息，在康斯坦丁·科林教授那里属于“派

① 苗东升:《信息复杂性初探》,《华中科技大学学报》(社会科学版) 2007 年第 5 期。

② 康斯坦丁·科林、邬焜:《信息的现实结构、本质和信息科学的哲学基础》,《西北大学学报》(哲学社会科学版) 2012 年第 2 期。

③ 康斯坦丁·科林、邬焜:《信息的现实结构、本质和信息科学的哲学基础》,《西北大学学报》(哲学社会科学版) 2012 年第 2 期。

生的信息”。

最后，我们再对本体论意义上的信息定义进行一个梳理。

本源意义上的本体论信息：物质的性态。这个性态是第一性的，与物质同时生成，无所谓谁派生谁，没有不具有性态的“裸物质”，也不存在没有物质载体的信息。本源意义上的信息包含未被显示的信息和已经被显示的信息。但鉴于主体认识的局限性，这种显示与未显示的区分我们无法确定，甚至无法确定是否存在未被显示的信息。从物质是一种运动和联系的存在方式角度讲，我们甚至很难想象未被显示的性态。所以，物质的性态都是被显示的，这样的话，信息的性态说与钟义信教授的本体论信息定义版本就没有多少差别了。

存在意义上的本体论信息：性态的显示或反映。如同苗东升教授所言，性态≠性态的反映，在邬焜教授信息的定义版本中，表述为性态≠性态的显示。苗东升教授认为性态和性态的显示都是元信息范畴，不能称之为信息，信息需要信宿的反映。邬焜教授认为信息不需要信宿反映，可以自我显示，这是两位学者的分歧。我们无意解决两位学者的分歧，因为按照我们对信息的理解，性态就是信息，则性态的显示也好，反映也罢，自然也是信息。不同的是，性态本身是本源意义上的信息，而性态的显示和反映都是存在意义上的信息，是本源信息的派生范畴。舒斯特（J.A.Schuster）在其著作《科学史与科学哲学导论》中对物质的属性进行了第一性和第二性的区别[①]，舒斯特所认定的物质属性中的第一性无疑对应本体论信息，第二性则具有属人性，是认识论信息的范畴。舒斯特认为物质属性的第一性中也有着更为根本的本原属性，如物质的质量、

① 参见约翰·A.舒斯特：《科学史与科学哲学导论》，安维复译，上海科技教育出版社2013年版，第367页。

广延、运动属性，也有这些本原属性的派生属性，如力、熵、空间、时间等。派生属性是对本原属性的显示。力是对物质相互作用的显示，熵是对物质演化方向性的显示，空间是对物质广延性和伸张性的显示，时间是对物质运动延续性、间隔性和顺序性的显示。派生属性虽然不是本原属性，而是本原属性的派生，从本体论本源的角度讲，不具有本源意义上的本体论地位，但从客观性的角度讲，它是物质客观存在的属性，不依赖主体的存在而存在，不以主体的意识为转移，依然具有本体论存在的地位。例如，空间和时间是独立于主体之外客观存在的，不以主体的主观意识而变化。

这样我们就有了几个关于本体论信息的不同层次的定义：本源信息，指物质的性态。存在信息，本源信息的显示和反映，本源信息的显示对应邬焜教授的信息定义版本，本源信息的反映对应苗东升教授的信息定义版本。存在信息是本源信息的派生，是随着信息运动和展开的不同阶段。

（四）信息性态说定义的意义

事实上，苗东升教授将信息认定为对事物性态的表征，与他对实体与信息关系的认定逻辑不一致。苗东升教授认为实体与信息同时生成，无所谓谁派生谁的问题。“物质与信息是相互依存的两个方面，无所谓孰先孰后，有物质就有信息，有信息就有物质，凡信息都是物质的信息，凡物质都是内蕴着信息的物质。”① 如果实体的性态不属于信息范畴，那么如何来理解实体与信息同等的本体论地位？实体的性态包含被表征的性态和尚未被表征的性态，实体的性态的表征存在先后顺序，如果被表征前不属于信

① 苗东升：《评惠勒的信息观》，《华中科技大学学报》（社会科学版）2008 年第 2 期。

息，被表征后属于信息，那么显然与“信息与实体同时生成”的命题存在逻辑悖论。所以，我们无法在坚持信息和物质具有同等本体论优先性的同时否认被表征前的实体性态不属于信息范畴。

信息科学和信息哲学内部统一性和逻辑一致性需要信息的性态说定义。信息科学和信息哲学正是认识到信息在事物存在和演化过程中的关键作用从而建立的。信息科学和信息哲学认识到，事物存在和演化的关键在于信息而非实体，信息是事物演化的根源，决定着演化的方向，实现着演化的目的。信息的存在和演化构成了自然界存在和演化的全部基础，对自然界多样性和复杂性的揭示在于理解信息的存在和演化。所以，信息的性态说定义可以实现信息科学和信息哲学各自理论内部的统一性和逻辑一致性，可以通过对信息各个层面的认识来揭示非生命世界、生命机体、意识思维等各领域中存在和演化的规律。

科学认知的目的需要信息的性态说定义。科学作为一种特殊的认知系统，其目的在于达到对客观世界的认知。这种认知包含客体的各种属性和规律。科学认知不是被动的行为，而是主动的探寻。科学认知从来不满足于从客观世界已经存在的现象中探寻信息，而是在实验活动中主动创造自然界未曾出现过的现象，从而探寻客体的各种信息。例如，自然界也许永远无法呈现光电效应，那么光的波粒二象性现象也许永远不会自发出现，科学家正是通过主动创设光电效应得以呈现的情境①，从而认知之前未曾在自然界反映的光的信息。所以，科学活动不仅要认知已经表征的信息，还在不断尝试认知尚未被表征的信息。如果不将信息定义为物质的性态，则无法理解科学主动探寻客观世界信息的行为。

---

① 学界对于“情境”和“语境”的理解大体相似，存在着混用的情况，有的学者也用“与境”，本书不做特别的区分，而是根据上下文情况使用这两个词。

三、能量也是信息

自从维纳（N.Wiener）提出著名的论断“信息就是信息，既不是物质也不是能量”[①]之后，学界就似乎不证自明地都将物质、能量、信息作为并列的三种存在。至于三者之间的关系似乎学界更多分析的是物质和信息之间的关系，而对于能量和信息的关系鲜有学者进行分析。

用物质的性态来定义信息，这无疑超越了维纳从信息科学维度对信息的定义，也使得我们需要重新来考察能量与信息之间的关系。

（一）能量的概念

能量作为一个科学名词，一直到1807年才由英国物理学家托马斯·杨首次提出，用来对物质的运动进行量度。在此之前，尽管不少科学家尝试对物质的运动进行量度，但并未自觉地提出能量的概念。例如，1644年笛卡尔宣称：运动实际上不过是运动物体的一种状态；但它具有一定的量，不难设想，这个量在整个宇宙中会是守恒的，尽管在任何一个部分中是在变化的。笛卡尔进一步指出这个守恒的运动的量就是物质的质量 × 速度。不难看出，笛卡尔这里讨论的是现代物理学中的动量概念。1686年莱布尼兹提出物质的质量 × 速度平方也是守恒的，他将这个量称为“活力”，并且认为只有“活力”才能用来表征物质运动的量。今天我们用莱布尼兹的“活力”的一半来表示动能。

能量的概念是随着19世纪中叶能量守恒与转化原理的发现而被确立下来的。1842年德国医生迈尔发表论文《论无机界的力》，提出了能量守恒与转化原理。1843年英国物理学家焦耳在实验室中定量地测定了热功

① N.Wiener, *Cybernetics*, Boston: MIT Press, 1961.

当量，能量作为表征物质做功能力的物理量被牢牢地确立下来。

恩格斯从哲学的高度特别考察了能量的本质。恩格斯首先非常明确地指出，能量是物质固有运动的表现，是物质运动量的量度。[①] 任何物质系统在一定状态下都具有一定数值的能量，物质系统状态的变化都必然伴随着能量的改变，所以恩格斯将能量称为物质系统的状态函数。能量是运动量的量度，这是能量概念的本质特征之一。[②]

恩格斯通过考察能量守恒与转化原理，揭示了能量的本质。物质的存在方式是运动，而不同物质之间的运动形态是可以相互转化的，在任何运动形态的转化过程中总保持着能量的当量关系，恩格斯正是在这里抓住了能量的本质，提出能量概念最本质的方面就是反映了各种运动形态之间的转化关系，“运动的形式变换总是至少发生在两个物体之间的一个过程，这两个物体中的一个失去一定量的一种质的运动（例如热），另一个就获得相当量的另一种质的运动（机械运动、电、化学分解）”[③]。

恩格斯还分析了位能和动能的辩证关系。能量既然是运动形态之间的转化关系，位能作为由相互作用的物体的相对位置或者由物体内部各部分的相对位置所决定的能量，如何来理解它也是一种运动形态呢？恩格斯从静止与运动的辩证关系回答了这个问题。运动是物质的存在方式，是绝对的，静止是运动的特殊状态，如此一来位能与动能之间的相互转化关系就不难理解，“位能只是活力的反面表现，反之亦然”[④]。

---

① 参见吴延涪：《恩格斯论能量守恒与转化定律及其哲学意义》，《教学与研究》1962年第3期。

② 参见吴延涪：《恩格斯论能量守恒与转化定律及其哲学意义》，《教学与研究》1962年第3期。

③ 《马克思恩格斯全集》第26卷，人民出版社2014年版，第536页。

④ 《马克思恩格斯全集》第26卷，人民出版社2014年版，第627页。

（二）能量的信息特征

从能量的概念来看，能量是物质运动量的量度，是物质系统的状态函数，自然属于物质性态的范畴。正如质量是用来量度物质的量一样，能量是用来量度物质的运动状态。这样，在物理学中质量和能量这两个范畴便分立且并列了。

能量是物质运动的量度，不是物质运动的动力或原因，按照后者的理解就会在逻辑上混乱了运动和能量的因果关系，运动是物质的存在方式，是因；能量是对运动的量度，是主体建构的物理量，是对物质运动属性的表征。运动是客观的，是物质的存在方式，不是主体建构的具有约定性质的东西，而能量是主体建构出的用来表征物质运动的物理量，在某种程度上具有约定的性质，同其他主体建构的物理量，如温度、分子量、质量等并无哲学范畴上的差别，也即是说能量是信息范畴，而不是与信息并列的哲学范畴。

我们将能量与物质、信息并列表述，主要是基于对能量概念的重视，但从哲学上讲，能量不具有与物质、信息并列的哲学内涵。康斯坦丁·科林教授在《信息的现实结构、本质和信息科学的哲学基础》一文中将能量作为信息的载体，“信息和物质与能量密不可分，物质和能量是信息的载体。信息是物质和能量的属性，也就是说，信息是物质和能量的内在性质”[①]。这是认识上的错误，能量不具有信息载体的功能，信息的载体只能是物质。将能量作为信息载体的错误认识可能源于我们对能量的一些习惯性表述，例如“能量的流动、传递”，这种表述给我们一种能量如同物质一样，是一种客观存在的印象。能量的流动、传递都不过是主体对物质运

① 康斯坦丁·科林：《信息的现实结构、本质和信息科学的哲学基础》，《西北大学学报》（哲学社会科学版）2012 年第 2 期。

动的量度和表征，热传递是系统与外界在微观层次的分子运动，是系统分子与外界分子相互作用的效果，我们用热量传递来分析只是对这种相互运动或联系的定量化分析或者表征。能量并不具有本体论意义，运动是物质的存在方式，具有本体论意义，能量只是对运动这种物质存在方式的表征，是主体方便对客体进行定量研究的科学约定。

质能方程所传递的哲学内涵更是进一步表明能量只是属于物质的属性范畴，如果说物质与能量是并列的两种范畴，或者说是一种类似于本源式的存在，那我们是很难理解质量这种物质的属性是如何与同物质并立的能量相互转化的。然而如果我们把质能方程所揭示的质量与能量的转化阐释为物质的两种属性之间的相互转化的话，那就比较容易解释和理解了。

对能量的物质属性的哲学定位，在程守洙和江之永主编的高校教材《普通物理学》第 1 册中就有着清晰的表述："质量和能量都是物质的重要属性，质量可以通过物质的惯性和万有引力现象而显现出来，能量则通过物质系统状态变化时对外作功、传递热量等形式而显现出来。质能关系式揭示了质量和能量是不可分割的，这个公式建立了这两个属性在量值上的关系，它表示具有一定质量的物质客体也必具有和这质量相当的能量。"①

按照前面对本体论信息定义的讨论，能量显然属于存在信息范畴，即本源信息的派生概念。如同力是对物质相互作用的显示，熵是对物质演化方向性的显示，空间是对物质广延性和伸张性的显示，时间是对物质运动延续性、间隔性和顺序性的显示。能量则是对物质运动状态、效果、形式的显示。从这个意义上讲，将能量表述为对物质运动的表征和量度是不够准确的，而应该将能量表述为对物质运动某个方面的量度和表征。

---

① 程守洙、江之永：《普通物理学・第 1 册》（第三版），人民教育出版社 1978 年版，第 253 页。

第三节　认识论信息

本体论信息被主体认识后，进入主体内部，被主体反映、加工，就产生了认识论信息。人类所有的认识活动都是对于认识论信息的处理，科学作为一种特殊的认识活动，其目的就在于通过对认识论信息的处理，希望达到对本体论信息的认识。这种认识很难达到一种镜像式的反映，而通常是附加了主体主观性的理解。所以，研究认识论信息在主体内部的演化过程，对于理解科学这一特殊的认识活动，理解科学这一特殊的社会建制，有着非常积极的促进作用。

一、语法信息、语义信息、语用信息

钟义信教授在《信息科学原理》中提出了他对于认识论信息的定义："主体关于某事物的认识论信息，是指主体所表述的该事物运动状态及其变化方式，包括运动状态及其变化的外在形式、内在含义和效用价值。"①钟义信教授这里提到的主体所表述的事物运动状态及其变化方式的"外在形式""内在含义"和"效用价值"，分别指的是认识论信息中的语法信息、语义信息和语用信息。

本体论信息在自然界存在着自身的展开和演化过程，从本源信息到存在信息的演化就是信息自身的显示和反映过程。本体论信息进入主体，在主体内部也存在展开和演化的过程，根据认识论信息在主体内部展开和演

① 钟义信：《信息科学原理》（第五版），北京邮电大学出版社 2013 年版，第 67 页。

化的阶段不同，我们可以定义语法信息、语义信息和语用信息。

（一）语法信息

从钟义信教授对认识论信息的定义中可以看出语法信息指的是主体所接收到的事物运动状态的外在形式。更准确地讲，语法信息应该是主体接收到事物运动外在形式后形成的符号序列，是事物运动外在形式刺激主体感官系统之后形成的符号序列。例如事物的空间组合结构、排列组合、颜色构成等序列，事物运动造成空气震动使得我们接受到的声音序列，事物运动使得我们感受到的冷热序列。认识论信息是主体对于本体论信息的认识，离不开主体而独立存在，就像颜色、声音、冷热等都是主体的主观感受，不可能脱离开主体来言说。

在信息论研究的早期，区分了信息与信号，以及消息的差异。信号是信息的物质体现，例如学生坐在教室听到教师的讲话信息，这里的信号就是声波；学生看到黑板上老师写的方程，这里的信号就是光；学生给老家的父母打电话，这里的信号就是电磁波。消息是负载信息的符号序列，学生听到老师讲话时声波振幅、频率的序列就是消息；学生看到黑板上的方程“$E=mc^2$”，这三个字母一个等号和一个平方号，就构成了学生接收到的消息；至于父母在电话里听到的学生的消息与学生在教室里听到的来自教师那里的消息一样，都是声波振幅、频率的序列，但传递这些消息的物质载体不同，一个是光，一个是电磁波①。信息论认为，信息是存在于消息中的内容，老师讲话时的声波振幅、频率的序列包含着科学知识；“$E=mc^2$”包含着质量与能量之间的关系；学生在电话里的声音也包含着自己在学校的学习、生活情况。信息论认为，存在不包含信息的消息，例如

① 当然，光也是电磁波，是特定波段的电磁波，具有可见性。

老师在讲台上以同样的振幅、频率不停地发出一样的“啊”的声音，这样的声波振幅、频率的序列就不包含任何信息。

通过对信息与消息、信号的对比，可以发现，语法信息是主体对于消息的直接反映，即事物运动外在形式刺激主体感官系统之后形成的符号序列。

语法信息是具体的，它们是事物运动外在形式与主体感官系统相互作用后在主体内部产生的符号序列。当然，讲进入主体之前的符号序列是具体的可能更准确，例如教室里声波的振动、黑板上粉笔字写下的“$E=mc^2$”、电话传声孔传出的声波振动，它是具体的，是看得见、摸得着、感受得到的，但在进入主体之前，这些符号序列不能称之为语法信息，因为语法信息属于认识论范畴，必须具有属人性。但是，虽然语法信息具有属人性，它依然可以是具体的，虽然它是主体的一种感官感受，但这种感受具有生理上的具体性。学生看到“$E=mc^2$”，学生视网膜上的“$E=mc^2$”就是具体的；学生听到老师的声音，学生耳朵里耳膜的振动也是具体的。

语法信息是客观的，它不以主体的主观意志为转移。语法信息是事物运动外在形式与主体感官系统的相互作用产生的符号序列，这是生理现象，是具有客观性的。尽管可能不同主体与相同事物运动外在形式相互作用后形成的符号序列不尽相同，例如色盲者和正常视力的人看到的颜色序列是不同的，听力不足的人与听力正常的人感受到的声音序列也是不同的，但事物运动的外在形式无论与什么样的主体感觉器官相互作用，无论在主体内部产生什么样的符号序列，这些符号序列都是客观的，不以主体的主观意愿为转移。

另外，语法信息是事物运动外在形式与主体感觉器官相互作用后形成的符号序列，所以语法信息不是事物运动外在形式在主体内部的投影，即语法信息不是对于事物运动外在形式的镜像反映。主体视网膜上的符号序列，是光信号对于视觉系统的刺激，主体看到的颜色序列并不是事物本身的自在属性，而是事物自在属性通过光信号与主体作用后的符号序列；主体听到的符号序列，是空气振动引发耳膜的振动，但耳膜的振动并不是，也不等于空气的振动；主体感受到事物的冷热序列，是主体对事物分子运动快慢的一种感受。

（二）语义信息和语用信息

语法信息具有具体性，语用信息同样如此。语用信息指的是某事物运动状态及其变化方式带给主体的效用价值。这种带给主体的效用价值虽然是主观的，但也是具体的，例如太阳带给主体的语法信息是刺激主体视觉系统的符号序列：外延符号序列，圆；光效果符号序列，光线……太阳带给主体的语用信息则是主体对于语法信息的进一步效用价值的主观体验，例如暖和、明亮、热……

语法信息和语用信息都是由主体的直接或间接的主观体验生成，是具体的。然而语义信息是事物运动状态及其变化方式包含的内在涵义，是抽象的。语义信息不是主体感觉器官的直接或间接体验，而是基于感觉器官体验的某种感悟，是主体群体之间在生产和生活实践中达成的一种共识性的感悟，或者说形成共识的一套规则。主体群体的共识性感悟规则如何形成？一是基于主体间性的对于本体论信息的认同前提，即基于语法信息的具体性和客观性。前面虽然谈到，不同主体对于相同事物的运动外在形式的感官刺激是不同的，但基于生产和生活的群体实践，群体可以达到对于相同本体论信息的相同语法信息，这是由主体间性保证的。二是对于相同语法信息效用的主体感受，即语用信息。没有语用信息，只有语法信息的话，主体就没有赋予语法信息以具体涵义的诉求，语义信息需要通过语法信息和语用信息在主体内的相互作用才得以形成。例如前面谈到的关于太阳的信息，语法信息为，圆、光线……语用信息为，暖和、明亮、热……

在这两种认识论信息在主体内的相互作用下，在主体群体性的生产和生活中，逐渐达到一个对于“太阳”内涵的共识性规则。

语用信息可以产生于语义信息生成之前，即语用信息和语法信息的相互作用生成语义信息，也可以产生于语义信息生成之后。即对一定的语法信息赋予涵义之后，相同的语义信息对于不同主体又具有不同的效用和价值，从而形成不同的语用信息。例如同样一条信息“质量非常大的原子核可以发生核裂变现象”，不同的人接收到这样一条语义信息，会产生不同的语用信息，有人会为理论物理的突破而振奋，有人会为其中蕴含的巨大能量而欣喜，有人则会为其中蕴含巨大能量的破坏性而担忧。同样的语义信息会导致不同的语用信息是由于主体的差异而导致的，例如知识背景不同、兴趣爱好不同、思维方式不同等。

另外，由于主体之间的差异，某个语法信息是否包含有语义信息，包含有怎样的语义信息就具有了不一样的答案。前面在分析语法信息时提到，信息论认为存在着不包含语义信息的语法信息，例如，一个教师在教室里授课，如果他始终发出同样频率、同样振幅的“啊”声，那么学生接收不到任何语义信息。但是如果这个教师在医院的诊所发出同样的语法信息，医生就可以接收到丰富的语义信息。我们说，语义信息是基于主体间性的一套规则，显然不同的群体具有不同的规则，从而导致了对相同语法信息的不同语义信息解读。所以信息论认为存在不包含语义信息的语法信息是值得商榷的。

（三）认识论信息的定量化

语法信息是符号序列，所以容易实现定量化，申农在 20 世纪中叶建立的信息论就是基于对语法信息的传递和量度而建立的科学理论，申农用某事件发生的概率的倒数的对数来定义信息量的大小，即

"$I=-\log_2 p=\log_2\frac{1}{p}$"，将二中择一的可能事件携带的信息量定义为单位信息量，即 1 个比特。申农还定量地定义了通信速度和信道容量，从而建立了定量的通信理论。但是，申农的通信理论只讨论在通信过程中传递信号波形的如实传递，并不关心信号波形所包含的含义和效用。所以，传统信息论只是关于语法信息的科学理论，而并没有将语义信息和语用信息纳入科学的研究范畴。当然，通信理论的研究并不限于申农的工作，Kolmogorov 和 Chaitin 也分别建立了"组合信息论"和"算法信息论"，这些工作虽然也各具特色，具有各自应用的特定场合，但也都仍然属于"语法信息理论"，也并未涉及语义信息和语用信息的研究[①]。

然而，在主体的信息活动中，人们不仅关心信息的形式，更为关心的是信息形式中所包含的内容和效用，即语义信息和语用信息。但当前的信息科学研究对于语义信息和语用信息的定量研究仍然缺乏一个成熟的方案，这有待于信息科学的进一步发展。

二、知识和智慧

认识论信息在主体内部的展开和演化是一个复杂的过程，随着主体对语法信息、语义信息和语用信息处理的不断深化，可以在主体内部涌现出知识和智慧。

（一）知识的产生

知识是主体对于事物运动及其变化的规律性总结。钟义信教授认为，这

① 此观点来源于钟义信教授在国际信息研究学会中国分会内部公开的文献《语义信息论》。

种规律性总结来自主体对于认识论信息的加工处理，反映的是本体论信息的规律。可见，钟义信教授并未将知识纳入信息的范畴。本书认为，知识是认识论信息的演化和展开，应该归入认识论信息的范畴。为了调和这种范畴上的分歧，本书将认识论信息区分为狭义的认识论信息和广义的认识论信息。

狭义的认识论信息是个别的，针对的是具体某次通信行为传递给主体的信息，而知识是普遍的，是对本体论信息的规律性总结。这种普遍性来源于大量个别的认识论信息的加工处理。虽然当前学界对于知识的普遍性进行了多方位解构，但不可能将知识解构为单次的认识结果。波兰尼（M.Polanyi）在其名著《个人知识——迈向后批判哲学》中论述了知识的默会性特征，指出知识是一种要求技能的行为，是一种艺术，他明确反对传统的那种主客分离的知识观，强调不能将热情的、个人的、人性的成分从知识中清除出去。据他观察，即使在经典力学这一“最接近于完全超脱的自然科学”领域，知识的获得也要求科学家的热情参与，要依赖科学家的默会技能和个人判断。① 劳斯（J.Rouse）在考察实验室研究时，也表达了与波兰尼相似的观点：“一个称职的实验工作人员必定对仪器的运作状况及其可能性和局限性作出实践性的把握。对仪器的这种‘感觉’是实践性的技能知识，而不是理论表象。”②

我们在这里先不去分析波兰尼或劳斯的观点是否合理。就算其观点成立，他们解构的也是知识不以具体情境而变化的普遍性，这种普遍性是长期以来被认为是科学的重要品格，牛顿力学并不因为牛顿是英国人或者其是在英国提出就不适用于中国的情况。我们强调知识不同于认识论信息的

---

① 参见迈克尔·波兰尼：《个人知识——迈向后批判哲学》，许泽民译，贵州人民出版社 2000 年版，第 4 页。

② 约瑟夫·劳斯：《知识与权力——走向科学的政治哲学》，盛晓明等译，北京大学出版社 2004 年版，第 105 页。

普遍性，即便不具有不以情境而变化的普遍性，也具有针对具体情境的普遍性。无论波兰尼的个人知识，还是劳斯所强调的地方性知识，这些知识的获得绝不是针对个别认识论信息加工处理的结果，而是对大量认识论信息加工处理过后的规律性总结。所以，从这个意义上讲，知识不同于认识论信息，认识论信息进入主体是一个一个的案例，而知识是对众多认识论信息案例的规律性总结，至少具有此种意义上的普遍性。

钟义信教授将知识定义为："主体关于某类事物的知识，是指人类从该类事物的大量认识论信息样本所归纳的关于该类事物的运动状态及其变化的共同规律，包括状态及其变化规律的外在形式（称为形态性知识）、内在含义（称为内容性知识）和效用价值（称为效用性价值）。"[①] 这表明知识是通过对大量认识论信息进行加工和处理后，抽象出来的"该类事物运动状态及其变化的共同规律"，而不是个别认识论信息所体现的"事物运动状态及其变化的具体方式"。这个知识定义不仅强调了"知识体现的是规律"，还特别指出了这种规律的生成来源，即认识论信息，以及规律的生成方式，即归纳方法。

分析至此，可以发现无论是我们谈到的知识，还是钟义信教授定义的知识，都是归纳知识。知识也具有不同层次，在物理学中将通过归纳总结得来的理论称为唯象理论（phenomenology），即通过对现象概括和提炼得来的理论，没有深入探究内在原因和本质规律，缺乏深层次的解释作用。而由演绎法推理得来的知识通常才具有揭示事物运动和变化内在原因和本质规律的功能。例如，开普勒三大定律就是开普勒对第谷大量天文观测进行归纳总结后得出的天体运动规律，但它无法解释天体运动的深层次原

---

① 此观点来源于钟义信教授在国际信息研究学会中国分会内部公开的文献《语义信息论》。

因，牛顿力学体系给出了天体运动的深层次原因。开普勒三大定律是归纳知识，牛顿力学则是演绎知识。通过对大量认识论信息概括和凝练可以得到归纳知识，却无法得到演绎知识。科学理论主要是演绎知识，所以我们这里讨论的知识只是知识的初级阶段。

即便是处于初级阶段的归纳知识也可以区分为经验性知识、常识性知识和规范性知识。钟义信教授认为，在归纳知识尚未获得普遍性验证之前，处于欠成熟的状态，只能称为经验性知识；经验性知识被科学验证之后，成为成熟的规范性知识；而有些经验性知识不需要科学验证，却有无数的事实可以验证，这样的经验性知识被称为常识性知识，例如“太阳东升西落”“水往低处流”等。

认识论信息是本体论信息在主体内的某种维度的映射，知识虽然不是狭义的认识论信息，但也与本体论信息具有对应关系。因为知识是从认识论信息中概括和凝练出的规律，这个规律必然对应于本体论信息的客观规律，即便不是一种镜像式的绝对正确的反映，也是一种理解性的把握，它能够对应客观事实。既然知识能够对应客观事实，那就不是纯粹的主观精神范畴，所以波普尔（K.Popper）提出了属于“世界 3”的“客观知识”。

（二）智慧的产生

智慧是主体所具有的一种高级创造思维能力。在钟义信教授看来，智慧是主体“根据自身所追求的目的和所积累的先验知识，面对所处的环境，去发现问题、定义问题、解决问题，不断改善生存发展条件，并在此过程中不断改造自身”① 的能力。智慧也应该归入信息范畴，在笔者看来，

① 此观点来源于钟义信教授在国际信息研究学会中国分会内部公开的文献《语义信息论》。

智慧不属于认识论信息范畴，应该归入主体作为本体存在的本体论信息范畴，体现的是主体存在的属性或状态范畴。

智慧是主体与世界客体在相互作用中涌现出来的东西。主体能够生成智慧，需要三个前提：主体所追求的目的、主体所积累的先验知识、主体所处的现实环境。这三者构成了生成智慧的初始信息。主体具有初始信息之后，将“所追求的目的”和“现实的环境”进行对照分析，就可以产生出一些需要解决的“问题”，然后运用“所积累的先验知识”对问题进行分析，可以确定那些最需要解决也最可能解决的问题。确定此类问题之后，预设解决这个问题的具体目标，从而明确解决问题的工作框架，即以问题为出发点，目标为终点，先验知识构成从出发点到终点的约束条件。如此，主体就得以在目标的引导之下，在先验知识的支持和约束下，生成解决问题所需要的“策略”，进而将策略转换为行为去求解问题。若求解问题的结果与目标之间存在差距，就把差距作为新的信息反馈给主体，主体通过学习补充新的知识和策略，最终达到目标。

人类的生产和生活实践活动中，充满了各种各样需要解决的问题，原有的问题解决了，又会产生新的问题，在现存的模式下继续解决新的问题，在解决问题过程中继续发现差距，继续补充知识，继续优化策略，从而也不断地提升主体自身的创造思维能力。人类就是在这样不断重复的“发现问题、补充知识、解决问题、提升能力”过程中循环往复、螺旋式上升地优化自身创造思维能力。这便是一幅人类“在追求改善生存发展条件的过程中实现自身能力优化”的生动图景。

钟义信教授将主体发现问题和定义问题的能力称为“隐性智慧”，将解决问题的能力称为“显性智慧”。隐性智慧是一种具有神秘性的主体能力，例如目的、本能、直觉、抽象、想象、灵感、顿悟、美学和临场感等，之所以称其具有神秘性，是因为此类智慧研究难度太大，至今科学研究对此无能为力。显性智慧主要依赖于一些显性的操作能力，如收集信息、处理信息、理解推理、综合决策、执行策略等等。显性智慧相对于隐性智慧容易理解，更具有可操作性和实现性。当前人工智能的研究便是对于主体显性智慧的模拟。

第二章　科学认识活动的信息演化

科学作为一种特殊的认识活动，科学理论作为一种特殊的知识体系，科学事业作为一种特殊的社会建制，都与信息的演化紧密相关。科学认识的对象是本体论信息，科学认识活动是认识论信息展开和演化的过程，科学正是通过对认识论信息的分析来达到对本体论信息的理解。所以，从信息展开和演化的角度考察科学认识活动，对于揭示真实的科学形象有着积极的意义。

第一节　作为科学认识活动对象的本体论信息

本体论信息是科学研究的对象，科学活动的目的就在于能够把握和理解客观世界的性态，即关于事物的属性、结构、行为、状态、规律等。客观世界的性态只有被显示或反映才有可能进入研究者主体的认识范围，科学活动是一种主动的对于客观世界的探索行为，它不仅仅满足于认识天然显示或反映的本体论信息，还会主动地进行人为的主体干预，来强化客观世界性态显示或反映的范围和深度。

一、本体论信息的显示和反映

科学认识的对象是本体论信息，即事物的性态。对事物性态认识的前提是事物的性态得以显示。在第一章本体论信息的讨论中已经表明，鉴于主体认识的局限性，事物的性态是否得以全部显示无法得到明确的证明，我们只能基于辩证唯物主义的观点，即物质普遍运动和相互联系，来推断事物性态已经全部显示。

事物的性态是本源信息，是第一性的存在，具有本源意义的本体论地位。性态的显示是性态的派生概念，是存在意义上的本体论信息。主体只能通过性态的显示来把握和理解本源意义上的事物的性态。例如用力来把握和理解物质之间的相互作用，用熵来把握和理解物质演化的方向，用空间来把握和理解物质的广延性和伸张性，用时间来把握和理解物质运动的延续性、间隔性和顺序性，用能量来把握和理解物质运动的状态、效果和形式。

事物信息的显示不需要另一个事物来反映，这一点是邬焜教授反复强调的，也是他认为自己的信息概念与其他反映说信息概念最大的不同。这个观点我们是认同的，信息的显示是信息的外露，是事物性态的外在表现。例如，熵值增加是物质演化方向的外在表现，空间的概念是物质广延性和伸张性的外在表现，时间的概念是物质运动的延续性、间隔性和顺序性的外在表现，能量的概念是物质运动的状态、效果和形式的外在表现。这些事物性态的显示并不需要另外的事物来反映，它们自身显示着这些性态。一些人可能会对力是事物性态的自我显示，不需要另外事物来反映产生怀疑，因为力是事物之间相互作用的显示，既然是相互作用，怎么能离开另外的事物呢？的确，力表征的是事物之间的相互作用，一事物使得另一事物产生运动或形体的变化显示着力的概念，孤立的事物无法显示力。

这里我们需要先分析力显示的是什么样的事物性态，很显然，力显示的是物质之间相互作用这一性态，相互作用就是事物性态本身，换言之，相互作用是 A 事物和 B 事物共同涌现的性态，只有孤立的 A 事物，或孤立的 B 事物，都无法来言说相互作用，都不具有相互作用的性态。所以，力是物质之间相互作用的外在表现，不需要通过另外的事物来反映，这里的另外的事物显然不包含事物 A 或事物 B。

信息的显示是客观的存在。力、熵、时间、空间、能量等，这些物理学概念虽然从命名的角度讲是主体的约定，但其所表征的东西是真实的客观存在，这一点谁都无法否认。主体能够真切地感受到时间的流逝和空间的存在；能够真切地感受自然演化的方向性，所以有“韶华易逝，红颜易老”的感慨，任何人都知道生命不可能出现“返老还童”的逆生长；主体对力和能量存在的感受也是真切的，无论是自然界还是人类实践都存在着无处不在的力和能量的表现。

虽然事物的信息显示不需要其他事物，但信息显示要被主体认识就必须有其他事物来反映。一事物的信息显示要被主体认识，必须有另一事物来反映，这另一事物可以是物，也可以是主体本身。所以，从认识事物信息的角度讲，最简单的反映模式就是主体直接对于事物的反映。在科学活动中，更多的情况是“物—物反映”，然后“物—物反映”再被主体反映，也就是产生了“反映之反映”。

科学活动中，物—物反映可以是自发的天然自然现象，也可以是人工的自然现象。在古代科学时期，即古希腊时期，先哲们认识宇宙的过程中，多是通过认识天然自然现象从而达到对事物本体论信息的把握和理解。而经过近代科学革命之后，特别是缘于伽利略对科学仪器和实验方法的重视，科学认识活动开始重视通过认识人工自然现象来达到对事物本体论信息的把握和理解。科学发展至今天，几乎已经不存在纯粹的天然自然现象的物—物反映，而都采用了通过认识人工现象来把握和理解本体论信息的方式。

通过以上分析，可以阐明本体论信息转化为认识论信息之前的展开和演化情况。本源信息可以自我显示，信息的显示可以直接进入主体被主体反映从而被主体认识，也可以被其他事物反映，再进入主体进行二次反映从而被主体认识。物—物反映可以是天然的信息反映，也可以是人工的信息反映。这三种信息反映模式，可以通过图 2.1 得到说明。

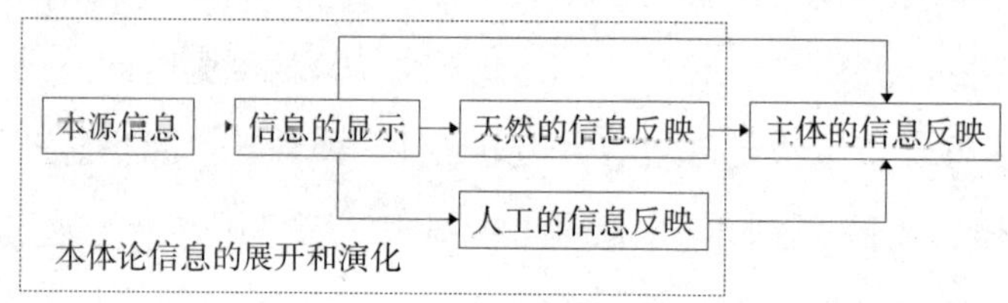

图 2.1　本体论信息的显示和反映

二、主体对信息显示的直接反映

信息的显示直接进入主体的情况在科学认识的历史中并不常见，它主要出现在科学研究的早期，更准确地讲是古希腊的科学研究时期。

我们通常将哥白尼革命之前，即文艺复兴之前的科学史称为古代科学时期，学界一般也将古代科学时期特指为古希腊科学时期，从大约公元前 5 世纪到中世纪将近 500 年的历史。我们现在通常所谈及的“科学”，指的是近代科学革命以来的科学，因为科学的发展从近代开始，以伽利略的科学研究为代表，就比古希腊的科学研究有了非常重大的变化，其中一个重大变化就是将实验的方法引入了科学研究。在古希腊时期的科学研究是很少借助于实验手段的，古希腊的先哲们主要通过自身的感官系统来观察客观自然，然后通过理性的逻辑分析来通达不可观察的世界本源。所以，也就不难理解天文学成为古希腊科学的主要研究领域，当然古希腊天文学主要的认识对象也基本限于五大行星、太阳和月球。

以古代天文学为代表的古希腊科学研究，主体接收到的本体论信息主要就是主体对信息显示的直接反映。通过研究主体对信息显示的直接反映来理性把握本体论信息。这里的本体论信息不仅包含现象规律的存在意义上的本体论信息，即存在信息；也包含现象背后的本源意义上的本体论信息，即本源信息。例如，古希腊先哲们构建的一系列精妙的宇宙模型，从亚里士多德的水晶球模型到托勒密的本轮均轮模型，就是现象层面的存在信息；亚里士多德从天体的圆周运动现象判断出天体的组成要素是以太，这种以太的设想就属于对本源信息的把握。

主体对信息显示可以直接反映当然是基于本源信息可以直接显示的前提，如同邬焜教授所言，一事物的信息不一定需要另外的事物来反映，它可以自己显示，就像树木的年轮可以显示树木的年龄信息，人的皱纹可以显示人的衰老信息，放射性事物辐射的程度可以显示事物的存在时间信息。

需要特别说明的是，严格地讲，即便是古希腊天文学的研究也不能说是彻底的主体对于信息显示的直接反映，因为主体对于许多天体的观察必须以天体自身发光或者反射恒星的光线为前提。主体对于恒星的观察，例如太阳，当然属于主体对于太阳自身信息显示的直接反映。但是主体对于五大行星和月球的观察，必须以行星和月球反射太阳光为前提，也就是说主体接收到的已经不是行星或月球的直接信息显示了，而是行星或月球与太阳相互作用后的信息反映。所以，严格地讲，主体对于行星或月球的观察不属于彻底的主体对信息显示的直接反映，而应该属于主体对行星或月球与太阳天然的信息反映后的间接反映。当然，这种严格、彻底的区分没有实质的意义，行星和月球对于太阳光的反射也不属于我们所关心的自然界事物之间的相互作用，所以在本书中就不做这种意义上的细分。

三、天然的信息反映

在科学活动中，通过主体对信息显示的直接反映来获取本体论信息是有非常大局限性的，事实上，不仅科学活动这种高级认识形式，即便是日常的普通认识行为也常常依赖于事物之间的相互作用来认识某事物的性态，例如，我们认识到“鸡蛋是脆的”就是基于鸡蛋与其他物体相互作用后表现出的破碎现象来达到的。科学认识活动同样如此，在科学认识中，通常也是通过事物之间的相互作用来达到对于事物的认识。

事物的本源信息在进入主体前可以自我显示，例如事物的广延性自我显示为空间属性，事物的运动自我显示为时间的属性、能量的属性、熵的属性等。但更多时候，事物的本源信息在进入主体前被事物与其他事物之间的相互作用所反映，例如磁铁的吸附金属物的属性就是被磁铁与金属物之间的相互作用所反映。

物质是运动的，是相互作用的，物质的存在方式决定了我们的认识方式主要是通过物质之间的相互作用。

然而，自然界的相互作用通常都是多事物之间的相互作用，主体想从多事物之间的相互作用中提取某个事物的本源信息是十分困难的。纵然是最简单的两事物之间的相互作用也包含了两个事物共同的本源信息，如何从相互作用中提取某特定事物的本源信息就考验着主体的认识能力。

需要指明的是，事物本源信息的客观存在并不取决于事物本源信息是否被其他事物所反映。对本源信息和信息反映的这个认识有助于我们辨析一些似是而非的科学哲学命题。例如，有的学者认为，“规律并不是天定的，也不是由事物自身固有的本性决定的，因为事物的本质也是在事物相互作用的运动中生成的。客观规律本身只能由事物在相互作用的运动过程所产生，并且通过用事物的相互作用过程来解释”①。我们并不反对规律是生成的，因为根据大爆炸理论，宇宙是生成的，自然宇宙中的所有事物也是生成的，规律作为信息自然也是生成的，即经历了从无到有的生成过程。我们反对的是将规律的生成依赖于事物之间的相互作用，因为后者的观点相当于否认本源信息可以在被反映前存在。在第一章中我们已经讨论了本源信息与实体共同生成的问题，也就是说某一实体一旦生成，它所负载的本源信息也是同时生成的，本源信息构成了实体区别于其他实体的质的规定性。认为规律依赖于相互作用而生成，就意味着在某一实体不发生变化的情况下可以不断地生长出本源信息，这与我们前面的观点不一致。另外，通过第一章我们区分本源信息和存在信息，已经阐明了本体论信息的存在和演化方式，一事物的某些本源信息不被另一事物反映的确无法被主体所认识，但本源信息的存在是客观的，无论它是否被主体所认识也无论它是否被另一事物所反映。就像前面举的“鸡蛋是脆的”例子，鸡蛋“脆”的规律不是依赖于相互作用才存在的，它是由鸡蛋的物质成分、结构自身属性所决定的，“脆”只是通过鸡蛋与其他事物之间的相互作用来反映，但并不是依赖于其他事物而存在。

这里我们还需要区分作为本源信息的规律和作为存在信息的规律，也就是说区分自然的本质规律和现象规律。存在信息是本源信息的显示或反映，是派生的概念，这对应着现象规律由本质规律所派生。本源信息的反映必须依赖于其他事物，所以现象的规律是可以依赖于相互作用的，例如开普勒的行星三大定律，没有太阳和行星之间的相互作用，当然不存在这

① 鲁品越:《生成论规律观与马克思主义哲学原理建设》,《哲学动态》2008 年第 5 期。

个规律。但现象规律背后的本质规律是不依赖于其他事物的，具有质量的事物可以吸引其他具有质量的事物的本源信息是由事物自身具有质量这一特点决定的，并不是依赖于事物之间的相互作用，我们不能说地球上的苹果有吸引属性，但放到失重状态下就不具有吸引属性了。

总之，认为规律依赖于相互作用的观点需要从两个层面进行讨论，从信息反映的层面讲，也即现象的层面讲，因为反映必定依赖于事物之间的相互作用，所以反映层面的规律，也即现象层面的规律，是由相互作用生成的，依赖于其他事物而存在；但是从本源信息的层面讲，因为本源信息并不依赖于信息的反映而存在，所以本源信息层面的规律是不依赖于相互作用而生成的，它与事物同时生成，经过相互作用而被反映。

四、人工的信息反映

随着科学的发展，天然的信息反映已经无法满足主体对于本体论信息特别是本源信息的获取需要。近代科学革命以来的科学活动已经从古代科学被动地接收客体世界信息发展为主动地探寻客体世界信息，也就是我们常说的“拷问自然”。主体主动的“拷问自然”的方式就是通过科学实验的方法来进行的，在科学实验室，科学家会人为地创造事物之间的相互作用，从而获取研究对象的本源信息。

科学发展至今天，科学实验已经成为科学研究必不可少的环节，甚至成为至关重要的环节。究其原因，就是因为物质的运动是复杂的，物质之间的相互作用是复杂的，这决定了我们需要通过实验手段来人为地简化或者创造物质某种运动或物质之间某种相互作用的条件。

在科学实验室人为地干预研究对象，需要分两种情况来讨论。第一种情况是某种运动或相互作用在天然自然界已经存在，科学实验的目的是将这种运动或相互作用人为地从复杂的运动或相互作用中进行剥离；第二种情况是某种运动或相互作用在天然自然界不存在，至少在主体的认识范围内不存在，科学实验的目的是创造这种运动或相互作用的发生条件。

事物的本源信息是丰富的、复杂的，天然自然界事物之间的相互作用也是丰富的、复杂的，所以反映事物本源信息的现象必然包含事物丰富的、复杂的本源信息。然而具体的某次科学研究只能研究事物的某个方面或有限方面的本源信息，“本质现象与非本质现象、同研究课题观察有关的现象与无关的现象等经常交织在一起，甚至相互包含、相互渗透。这就需要对现象加以剥离、区分和比较，然后进行选择，进而提取和抓住本质现象”①。我们研究万有引力，就不能以空中自然飘落的树叶作为研究对象，以树叶为研究对象就必须在实验室真空环境下进行，这样才能剥离天然自然界复杂的相互作用对树叶的影响。同样的例子还包括伽利略的斜面滚动实验、卡文迪什的扭力秤计算地球质量实验、傅科的摆检测地球自转实验等。在实验室中再现天然自然界存在的现象，其目的是将反映事物某方面本源信息的单一现象从纷杂的天然自然现象中剥离出来，或者是使得天然自然界不可或很难重复出现的现象在实验室重复呈现，或者是使得天然自然界不稳定出现的现象在实验室稳定呈现等。总之，就是通过一系列实验手段，相对纯粹地认识事物单一属性或规律。例如牛顿的三棱镜实验，自然界存在的大多是多种频率单色光混合在一起的白光，虽然天然自然界的“雨后彩虹”或者“凹凸液面”都能反映光的混合信息，但不方便科学研究，在实验室用三棱镜主动地与白光相互作用，就可以呈现光的散射现象，从而反映光的这方面的本源信息，实验室中大量的光学实验都属

① 肖玲：《人工自然的建构与科学认识——从科学实验的本质谈起》，《哲学研究》2008 年第 12 期。

于此类情况，例如杨氏双缝实验是在实验室呈现光的干涉现象，泊松亮斑实验是在实验室呈现光的衍射现象，光电效应实验是在实验室呈现光与电子相互作用现象等。

在传统的科学哲学研究中，科学哲学家们对科学实验的哲学分析多集中于科学实验的“剥离”“提纯”“再现”功能，“在人造环境中可以使实验对象与外界环境相对隔绝，以排除外界各种因素对实验对象的干扰和‘污染’。科学家可以让实验对象在实验室提供的特殊条件（如恒温、超高温、超低温、真空、失重等）的特殊人工自然环境中，发生易于观察的变化。创制人工自然环境就是为了更好地控制实验对象，认识其本质规律”①，在科学实验室中，被认识对象处于科学家所创造的人工自然条件中，“众多的其他现象和因素都尽量被剔除，实验对象尽可能简化、纯化，从而使其本质现象尽可能从非本质现象中显化而得到展示”②。

然而，随着科学哲学中社会建构论以及科学实践哲学的兴起，科学哲学的研究开始关注实验室“创造”规律的情况。所谓“创造”规律，就是在实验室中人为地构建出在天然自然界不存在的规律。科学与技术是一种相互促进、共同发展的推进方式，许多技术的突破源自科学的进步，而许多科学的突破也源自技术的支持，没有激光器的发明就没有激光科学的发展，没有射电望远镜的出现也没有当代天文学的迅猛发展，特别是今天的科学研究更是须臾离不开技术的支持。也正是基于技术的发展，特别是当代高技术的发展，使得许多科学实验可以在极端的环境中进行，例如强电场、强磁场、超高温、超低温、超高压、超真空等实验环境，在这些

① 肖玲：《人工自然的建构与科学认识——从科学实验的本质谈起》，《哲学研究》2008年第12期。

② 肖玲：《人工自然的建构与科学认识——从科学实验的本质谈起》，《哲学研究》2008年第12期。

极端实验环境中，研究对象可以表现出在天然自然界不存在的属性和规律。例如超导现象，1911 年荷兰物理学家卡末林—昂内斯（H.Kamerlingh Onnes）在实验室中用液氦冷却汞，当温度降低至 4.2K 时，发现汞的电阻突降为 0，这便是著名的超导现象，卡末林—昂内斯也因为在超导领域的工作而获得了 1913 年的诺贝尔物理学奖。这便是一个在极端实验条件下研究对象呈现出在天然自然界无法呈现的规律的例子，“某些导体在某个低温条件下电阻消失”的规律便是主体的主观创造，而非天然自然界存在的规律。所以，一些科学实践哲学的追随者便认为“科学是发现规律的活动”的传统认识需要被颠覆，科学也可以创造规律。得益于技术的巨大进步，这种创造规律的科学实验在当前的科学研究中越来越多，例如实验中在普通金属元素铁中加入一定比例的钼、钇、锰等元素后，在 1×10^5—1×10^7℃/S 的冷却速度急速冷却时会得到被称作“金属玻璃”的非晶态金属合金，又如超导强磁体技术能够提供脉冲或均恒强磁场极端条件，将高强度的能量无接触地传递到物质的原子尺度，改变原子和分子的排列、匹配和迁移等行为，从而对材料的组织和性能产生巨大而深刻的影响。① 包括被杨振宁称赞为“诺贝尔奖级的发现”的量子反常霍尔效应，它于 2013 年被清华大学的薛其坤院士实验团队在实验室首次实现。

与前面提到的“剥离”“提纯”“再现”科学实验不同，上述的科学实验呈现的规律原本在天然自然界并不存在，而是在人工技术条件下人为创造生成的。即便这些科学实验是以认识自然规律为目的，“但在客观上使自然物质在极端或特殊条件下发生了新的相互作用，这些相互作用是因为人工干预才出现的，在此基础上生成的规律离不开人的活动，因而是人工

① 参见罗天强、殷正坤：《发现抑或人工生成：科学实验与规律的双重关系》，《科学学研究》2016 年第 9 期。

生成的新规律”①。在第一种的科学实验中，虽然实验条件也不再是天然自然的情况，但关键或主要的条件仍然存在，“剥离”“提纯”“再现”研究对象的目的只是要突出研究对象的某方面运动或相互作用，研究对象内部及其与条件中的事物的关键的或主要的相互作用仍然存在，没有增添新的相互作用，也没有破坏研究对象自发运动或相互作用的特点，只是让规律以“纯粹”的方式呈现出来。而在第二种科学实验中，科学家借助于特定的技术手段，通过创造新的人工物质载体或特殊的极端的人工自然条件，或人为建立相互作用等，为这些天然或人工物质在其内部或与其他事物之间产生新的相互作用提供了现实基础和可能，从而创造出在天然自然界不存在的新规律。“这些人工生成的新规律依赖于人的活动，若没有人的参与，这些新规律就不会生成，也不会存在和发生作用，因而具有人工性。”②

当前科学实验室中的人工自然物、人工自然现象、人工自然规律的出现，为社会建构论解构科学的客观性和普遍性提供了依据。所以我们必须对实验室中的所谓“人工自然规律”进行深入的分析，从信息演化的角度分析这一问题有助于我们进一步明晰科学的本质。

首先，人工自然物是技术活动的结果，其之于科学，或者是科学活动的手段，或者是基于科学认识结果的技术物；其次，关于技术物规律的认识，从信息演化的角度讲，科学的主要目的是认识自然、理解自然、解释自然，即我们通俗讲“透过现象看本质，用现象背后的本质解释现象”，从这个角度讲，科学主要是来认识本源信息，科学主要的认识结果是本质

① 罗天强、殷正坤：《发现抑或人工生成：科学实验与规律的双重关系》，《科学学研究》2016 年第 9 期。

② 罗天强、殷正坤：《发现抑或人工生成：科学实验与规律的双重关系》，《科学学研究》2016 年第 9 期。

的规律，追求的是统一的基础理论，而不是现象的联系，唯象理论只是科学的浅层阶段、通往基础理论的暂时阶段。所以，技术物的规律更多的哲学内涵是一种现象的规律，我们不能说实验室创造了规律，因为这个规律是在基于更深层规律认识的基础上呈现的联系，也即是说它的哲学内涵属于现象层面的唯象规律。从信息的角度讲，它是关于本源信息反映的规律，而非本源信息的规律，更准确地讲它属于本源信息的反映，而非本源信息。

在实验室中，科学活动能够创造的永远只能是反映事物本源信息的存在信息，即科学活动只能创造现象，不能创造本质规律。主体之所以能够创造出天然自然界不可能出现的人工自然物或人工自然现象，是因为主体对“利用什么自然规律，作用什么对象，创造什么条件，在什么时间和空间进行选择和重组这些情况了然于胸。……人工自然物是人对自然规律和自然变化进行选择的结果。一句话，人工自然物是人工选择的产物”①。可见人工自然规律得以生成的前提是对于天然自然规律的把握，或人工自然规律背后都存在着天然自然规律的支配。我们不能将人工自然规律与天然自然规律混在一起不加区别地对待，这样就为社会建构论解构科学的客观性和普遍性提供了可能，只有区分人工自然规律和天然自然规律不同层次的哲学品格，才能回应社会建构论的批判，才能维护科学的客观性和普遍性品格，才能继续在社会上弘扬科学理性精神。

科学在其起源之初，就是一种非功利的认识活动，探寻宇宙奥秘的冲动激发了古希腊先哲们的理性思考。虽然科学发展至今已经远非两千多年前的形态，但揭示纷繁复杂经验现象背后统一的本质规律的追求始终是其内核，虽然技术的强大力量已经融入当前科学活动的每个环节，但大到追

① 林德宏：《科技哲学十五讲》，北京大学出版社2004年版，第76页。

寻宇宙起源，小到探究基本粒子，都体现着科学对于事物本源信息的追求。基于技术的强大支持，出于功利应用的目的，当前科学研究很大一部分都是应用科学的领域，超导现象研究、量子反常霍尔效应研究等也都是基于其强大的应用前景。但科学无论发展至何种程度，追寻宇宙起源、探究基本粒子的基础科学研究也是必须存在的，不然应用科学就失去了前进的基础。从本体论信息演化的角度讲，基础科学研究就是追求对于本源信息的把握，而应用科学的研究就是总结本源信息反映的规律。但是，没有本源信息的存在，何来本源信息的反映？实验室之所以能够创造出天然自然界不存在的超导现象，从根源上讲当然是因为一些导体内部存在着可以呈现为超导现象信息的本源信息。科学研究从来不会满足于现象层面规律的发现或创造，不然科学也不会发展至今天的局面，巴丁（J.Bardeen）、库珀（L.V.Cooper）、施里弗（J.R.Schrieffer）正是揭示了导致超导现象的本质规律所以获得了 1972 年诺贝尔物理学奖。他们发现在低温情况下金属中自旋和动量相反的电子可以配对形成库珀对，库珀对在晶格当中可以无损耗地运动，从而形成超导电流。量子反常霍尔效应的发现更是基于对这一现象背后规律的把握，自 1988 年开始，就不断有理论物理学奖提出实现量子反常霍尔效应的各种方案，2006 年，美国斯坦福大学张首晟教授领导的理论组成功地预言了二维拓扑绝缘体中的量子自旋霍尔效应，并于 2008 年指出了在磁性掺杂的拓扑绝缘体中实现量子反常霍尔效应的新方向。没有这些理论上的研究，就不可能有 2013 年薛其坤院士团队的实验突破。

在科学史上，科学实验引入科学活动，或者是为了发现的功能，即科学实验作为构建科学理论的手段；或者是辩护的功能，即通过科学实验来验证科学理论。但科学发展到今天，科学实验本身就成为一种目的，一种进一步发展成为实践技术的应用目的。所以，今天给科学下一个适当的定义要比古代时期或者近代时期要难得多。但无论如何来定义或者鉴定今天的科学，其对于本源信息的把握和对于本源信息反映层次的现象规律的理解都不能混为一谈，需要厘清其不同哲学内涵，如此也才能更好地理解今天的科学形态。

所以，科学实验只能创造本源信息被反映的存在信息，也即现象层面的信息，而不能创造本源信息。并且，现象层面的存在信息是由本源信息决定的，不能说没有科学实验的人为创造就不存在事物的本源信息，因为无论本源信息是否被反映，它都是客观存在的。对于物质在人工极限状态下呈现的属性，我们不能说主体不创造极限的实验环境，物质就不具有那样的属性，若物质不具备那样的属性，任何条件下都不会显现，也即是说没有本源信息，也就无从谈起本源信息的反映，本源信息之所以可以被反映是因为存在着本源信息。

在实验室中分析人工的信息反映，即人为地创造反映本源信息的现象信息，有必要对科学仪器进行一定的分析。科学仪器是科学实验过程中使用到的各种各样的实验设备，正是通过这些实验设备，人为创造的实验现象才能在实验室得以呈现。

因为社会建构论的兴起，科学仪器的哲学本性受到科学哲学研究的关注，这种关注首先是从对科学仪器进行分类开始的，特纳（A.Turner）对1400年到1800年期间的科学仪器进行分类，提出科学仪器的三种类别：第一类是研究自然特定方面（天文学、数学、流体静力学和光学等）所使用的仪器；第二类是基于数学和天文学的专业活动（如航海或勘测）所使用的仪器；第三类是虽然主要运用于日常生活之中，却取决于科学或数学原理而运行的仪器。① 海尔登（A.Van Helden）则进一步将科学仪器分为

① Cf. A.J.Turner, *Early Scientific Instruments: Europe, 1400–1800*, New York: Philip Wilson, 1987, p.8.

了六类：第一类是可以产生自然奇观，即新颖事实，以启发科学研究的仪器；第二类是作为类比自然的模型的仪器，例如太阳系仪或以太模型等；第三类是延伸主体感觉器官的仪器，例如望远镜和显微镜；第四类是产生天然自然界不存在的极端状态的仪器，例如空气泵和粒子加速器等；第五类是控制和分析现象的仪器，例如钟摆或化学仪器；第六类是展示视觉或图解的仪器，例如各种记录装置。① 当然，还有其他各种科学仪器的分类方式，例如海尔布朗（J.L.Heilbron）将科学仪器分为“测量类”（measurers）、“探索类”（explorers）和“发现类”（finders）三种类型。② 哈克曼（W.Hackmann）则区分了“消极的”仪器和“积极的”仪器。③

以上的对于科学仪器的分类方式都是基于对科学仪器功能的认识，并没有深入分析科学仪器的深刻哲学内涵，未能从与天然自然作用方式的角度进行分析，而这正是科学仪器作为实验设备的主要存在原因。在科学实验室中有些科学仪器并不作为创造反映本源信息的现象信息工具而存在，例如测量实验对象空间尺度的科学仪器：皮尺、游标卡尺、螺旋测微器等。在这种测量中，实验对象的本源信息已经自我显示，不需要科学仪器来对本源信息进行反映，科学仪器只是起到定量化、精确化的功能。但实验室中绝大多数的测量仪器依然依赖于与被测量对象的相互作用来达到测量的目的，例如哪怕最简单的水银温度计，也是通过被测量对象与水银相互作用来确定温度，最简单的气压仪、天平也是如此，实验室普遍使用的盖革计数器能够检测粒子数目，是因为射线使仪器中的气体电离从而输出

---

① Cf. A.V.Helden, L.Thomas, “Instruments”, *Osiris*, No.9, 1994, pp.3–5.

② Cf. T.Frängsmyr, J.L.Heilbron, R.E.Rider, *The Quantifying Spirit in the 18th Century*, Berkeley: University of California Press, 1990, pp.5–6.

③ Cf. W.Hackmann, *Scientific Instruments: Models of Brassand Aids to Discovery [C]//David Gooding, T. J. Pinch, Simon Schaffer (ed)*, Cambridge: Cambridge University Press, 1989, p.39.

一个脉冲电流。

实验室中的大部分测量工作依赖于被测量对象与测量仪器的相互作用，实验室中大部分的观察工作同样如此。海尔登将实验室中的观察仪器归类为延伸主体感觉器官的仪器，例如望远镜和显微镜。但科学观察仪器对于主体感觉器官的延伸不同于日常话语中的延伸，它是科学仪器与观察对象相互作用后的现象呈现。在科学观察前，被观察对象的信息已经显示，只是无法被主体所获取，主体正是通过观察仪器与被观察对象进行相互作用，使得被观察对象的本源信息或存在信息被反映为主体可以感受到的信息反映。例如光学望远镜，无论是反射望远镜还是折射望远镜，都是通过镜片对光线多方作用后才呈现为主体可以感受的现象，而当前普遍运用的射电望远镜更是超越了传统意义上的观察，射电望远镜主要是接收可见光频段之外的非可见的天体射线，将辐射信号加工、转化为可供记录、显现的形式，并按特定要求进行处理后再进行显示。同样，在实验室中通过云室来观察粒子的运动轨迹也不是传统意义上的看到粒子的运动，就像我们日常生活中看到火车、流星一样，而是让粒子在通过云室时使得其运行路线上的水蒸气凝结为水雾，研究人员通过观察水雾的分布来判断粒子的运行轨迹。

实验室中的测量仪器和观察仪器都是主体人为构建的与被测量对象和被观察对象进行相互作用的设备，其目的是将天然自然中已经显示或者反映的存在信息再次反映为可以被主体所理解或把控的现象呈现。实验室中一部分科学仪器是用于“剥离”“提纯”“再现”天然自然现象，其哲学内涵前面已经进行了讨论，科学仪器使得本源信息被“单纯”地反映，从而便于科学认识，例如光滑斜面、真空装置等。另外，实验室中还有一部分科学仪器用于“创造”天然自然不存在的人工自然现象，科学仪器使得天然自然界未被显示或反映的本源信息在实验室中得以反映，例如极端低温装置、超级粒子加速器等。

在科学研究中，特别是在科学实验活动中，已经不是研究主体对于纯粹客观现象的认识，科学研究对象已经经过复杂的主体介入。首先，什么样的经验现象被选取就是一个包含了主观性的判断，我们通常将被选取为研究对象的经验现象称为科学事实。自然界充满着各种各样的经验现象，但正如爱因斯坦所言，一个现象只有被理解后才能观察到，早在大约公元前 240 年，古希腊天文学家埃拉托色尼（Eratosthenes）就根据太阳光照射深井井壁的偏角证明了地球是球形并且测算了地球的周长，这个现象在生活中非常普遍，但只有被科学家意识到这种普遍的日常生活现象反映着地球外形信息它才会进入科学研究的范围。同样，岩石中的元素含量也很容易被检测，但只有科学家掌握了放射理论，才能够从这些元素含量中判断岩石的年龄信息。总之，作为科学研究起点的科学事实选取就已经包含了复杂的主观因素。

科学事实不仅仅是基于研究主体的主观选取，更多的时候是在实验室的主观建构，实验室一系列的人工活动创造出天然自然界不存在的人工自然现象，这更使得科学事实包含了复杂的主观性。实验程序的设计，本身就包含着实验人员的诸多主观因素，这里面包含了实验人员对于实验结果的预期，对于事物本源信息的预判，例如正是信奉自然的相互联系，奥斯特才会设计电生磁的实验；也包含了实验人员的一系列的背景理论，事实上大量的实验设计都是基于理论的指导，例如前面提到的量子反常霍尔效应实验；甚至也包含了社会因素，例如社会应用的考量等，社会建构论的研究体现了这一点。

实验室中运用到的各种实验仪器也包含了复杂的主观性。大部分实验仪器本身就是科学理论的体现，例如前面提到的光学望远镜、云室、盖革计数器等，光学望远镜的设计是基于光的反射和折射理论，云室的设计是基于带电粒子对饱和蒸汽的凝结理论，盖革计数器的设计是基于带电射线可以电离气体的理论，可以说没有理论的指导就不可能出现这样的仪器装置。正如巴彻拉德（G.Bachelard）所言，"仪器恰是物质化的理论。出自仪器的现象带有理论各方面的印记"①。

五、信息反映的层次性

本源信息客观存在，与物质同时生成，然而本源信息被主体认识需要一系列的反映阶段。本源信息显示后，进入主体内部，与主体感觉器官相互作用从而被反映，这是本源信息被反映的最简单模式，如图 2.2 所示。古希腊天文学的天文观测就是这种最简单、朴素的认识模式。

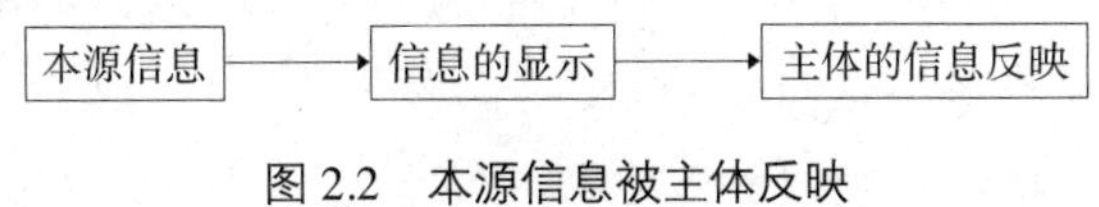

图 2.2　本源信息被主体反映

然而科学活动，特别是当前的科学活动，对于本源信息反映的复杂程度远非古希腊科学时期可比。当前的科学研究，在本源信息进入主体前，通常需要经历一系列的被反映阶段，这其中不仅包含一系列的天然反映阶段，也包含实验室一系列的人工反映阶段，如图 2.3 所示。

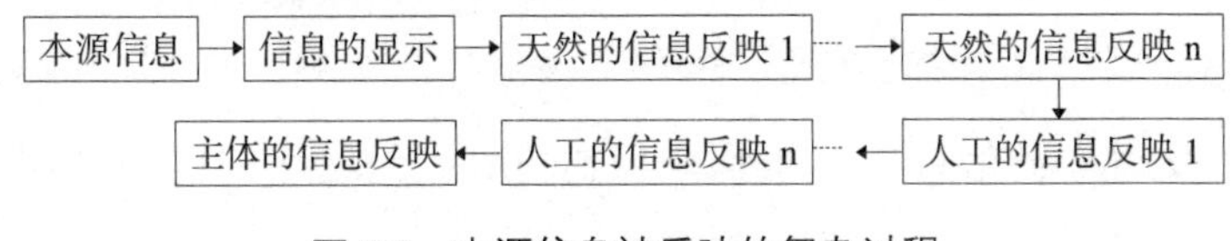

图 2.3　本源信息被反映的复杂过程

① G.Bachelard, *The New Scientific Spirit*, Boston: Beacon Press, 1984, p.13.

2016 年 2 月 11 日，美国地面大型激光干涉引力波探测器 LIGO 项目科学合作组织（LSC）宣布：第二代地面干涉仪 AD-LIGO 探测到了引力波信号。这是人类首次探测到引力波信号。LIGO 捕捉到的这个引力波信号，来自于一个 36 倍太阳质量的黑洞与一个 29 倍太阳质量的黑洞的并合，之后稳定成为一个 62 倍太阳质量的黑洞。

引力波的首次被探测意味着人类可以通过分析引力波来探索致密和高能天体物理过程。"为人类认识宇宙结构演化、研究相对论天体物理中黑洞和其他致密天体的动力学过程和演化提供一条不可取代的途径"①。可以看出，科学界希望通过探测和分析引力波来掌握其中包含着的致密和高能天体的信息，甚至是宇宙结构演化的信息。这便是科学研究的路径，通过呈现在实验室中的反映本源信息的现象，来获得对本源信息的理解。

引力波实验的整个设计，可以视为科学研究中本体论信息演化的一个典型案例，即从本源信息的显示，到被天然地反映，再到人工地反映，最后进入主体被主体的感觉器官反映。

首先，天体的本源信息可以自我显示，例如它的时空信息。根据广义相对论，时空不仅是天体运动的背景，它有着自身的动力学内涵，它是天体引力场的信息显示。但是静态的时空结构不会产生引力波，只有动态的时空结构才会导致相应的几何曲率振荡行为，这种曲率振荡在天体外部以波动的形式在时空中传播，这便是我们所理解的引力波。引力波的产生既可以来自天体自身质量变化，也可以来自天体与其他天体相互作用而导致的质量变化，例如 LIGO 捕捉到的引力波就是两个天体并合产生的。前者依然属于天体本源信息自我显示的情况，而后者显然属于天体本源信息被

① 黄双林等：《空间引力波探测——天文学的一个新窗口》，《中国科学：物理学力学天文学》2017 年第 1 期。

天体之间的相互作用所反映。

因为引力相互作用本身极其微弱，所以大部分引力波很难被人类所捕获。当前人类能够捕获的引力波主要来自于几十至几百太阳质量黑洞的并合系统、双中子星并合系统等，这些天体之间相互作用才能够进入主体的研究范围，也就是说天体的本源信息被大量各种相互作用所反映，但只有上述的信息反映才能进入主体的认识范畴。

但即使是几十至几百太阳质量黑洞的并合系统、双中子星并合系统所产生的引力波，依然无法被人类的感官系统直接感受。主体对这些引力波的接收，依然需要复杂而精密的实验仪器，例如引力波探测器 LIGO。引力波探测对人类精密测量的能力提出了极端挑战，它需要克服地表振动、重力梯度等噪声以及地面试验尺度的限制。引力波探测器 LIGO 的主要原理就是制作一个精密的迈克尔逊干涉仪，在实验室中呈现激光干涉现象，一旦有引力波经过，引力波的“时空涟漪”会影响干涉实验中激光的光程差，从而导致干涉现象出现细微的变化。

天体本源信息进入主体就经历了一个复杂的过程，先是自我显示，然后通过与其他质量巨大的黑洞相互作用来反映本源信息，天然的信息反映依然无法直接被主体接收，还需要主体在实验室人为地设计实验程序，运用精密的科学仪器与引力波相互作用，才能被主体接收，即实验室现象与主体感觉器官相互作用，本源信息从而被主体感觉器官所反映。

科学活动中，本源信息的反映通常是复杂的多次反映，特别是在实验室的人工信息反映。多次的人工信息反映是科学发展的必然结果，因为科学研究的领域越来越广阔和深入，科学探索的对象已经远远脱离了人类的日常范围和感觉器官所能把握的极限范围，这就需要在实验室人为地设置各种复杂的实验程序和科学仪器，从而将这些研究对象的本源信息通过各种人工反映呈现为感觉器官能够把握的实验现象。

科学反映的层次越多，科学认识的难度就越大。这是因为本源信息被不断反映的过程，也是本源信息不断附加干扰信息的过程。以引力波探测实验为例，天体之间相互作用的信息不仅仅包含了被研究天体的本源信息，也包含了与其相互作用天体的本源信息，还包含了相互作用本身的信息，就像两个小球相撞，不仅包含了两个小球各自的本质属性，如质量、硬度等，也包含了相撞这个事件本身的信息。引力波与引力探测仪相互作用所呈现的信息反映又负载了科学仪器的信息，等等。通过实验室中呈现的现象来把握被其反映的本源信息，就需要研究主体从各种各样复杂的干扰信息中辨析需要认识的本源信息。这就像一粒金子，掉入土中、流入水中，科学家就像淘金者，在浩瀚的大江大河中淘金，需要首先定好方位，挖出泥土，去除杂草、石砾、污泥，最后方能“吹尽黄沙始到金”。

第二节　进入主体处理阶段的认识论信息

当前人类科学认识在宏观层面已经探及 10 亿光年的尺度，在微观层面已经探及 1 飞米的尺度。在如此浩瀚的认识范围，仅仅凭借主体被动的观察，显然无法达到对丰富复杂的本源信息的认识。人类凭借强大的实验能力，通过主动的主体干预，使得本源信息在主体面前得到反映。主体干预的复杂机制在前一节内容中进行了深入分析。实验室中复杂的主体干预，目的是将本源信息的反映呈现在主体面前，进入主体的认识范畴，最终形成主体对于本源信息系统的认识结果，即科学理论。科学理论的形成需要在主体内部经历一个复杂的信息演化过程，这属于认识论信息演化的范畴。另外，认识论信息的演化不仅包含科学理论的建构过程，也包含着科学理论的检验过程。

一、科学认识活动的语法信息

（一）客观事实、经验事实与科学事实

科学认识活动的语法信息，指的是认识论信息演化的起点，即科学事实。科学事实与客观事实、经验事实存在着内涵上的不同。

客观事实独立于主体的感觉经验之外，与经验事实相对，当然并不是说与主体产生联系的事实就不属于客观事实。比如，前面我们提到的实验室人工构建的本体论信息呈现也属于客观事实，虽然它不能离开主体而自在地存在，但它被主体建构出来后就是真实的客观实在。在这个意义上讲，客观事实包括天然自然和人工自然。经验事实指的是主体对客观事实观察后得到的观察事实，即客观事实在主体内部的直观反映。毫无疑问，客观事实不能构成认识论信息演化的起点，认识论信息的起点只能是主体的感觉经验，即经验事实。但并不是观察到的所有经验事实都可以称为科学事实，只有那些成为科学研究对象的经验事实才可以称为科学事实。在不同的时期，科学研究的对象领域是不同的，并非所有时代的科学都面对相同的科学研究对象。决定科学研究对象的因素有很多，既有技术方面的限制——没有相关技术，客观世界无法转变为经验世界。例如没有高速对撞机技术，亚原子世界不可能进入科学的研究视野；又有缘于社会、技术、经济等外在因素的影响，例如工业革命对生产力的要求，促进了热力学中热机原理的发展；还有主体自身的偶然性因素的影响，许多科学研究缘于主体偶然性的机遇，例如 X 射线的发现。

当然，在科学哲学中对于经验事实与科学事实很少做专门、严格的区分，所以在本书中若无特别说明，一般提到经验现象，既指一般的经验事实，也可以指科学的研究对象——科学事实。

经验事实和科学事实都是主体感官系统对于客观事实的反映，属于认

识论信息。经验事实中引发主体科学关注的属于科学事实，构成科学活动中认识论信息演化的起点。当然，经验事实中的科学事实与非科学事实的区分也不是截然的、绝对的，而是受主体认识水平的制约，在一个时期经验事实中的非科学事实可以成为另一个时期的科学事实，例如在古代天文学领域新星、超新星现象不构成科学事实，但是在现代天文学领域就成为热点的科学事实；同时性现象作为爱因斯坦狭义相对论重点关注的科学事实，在爱因斯坦之前也不是科学领域研究的对象。所以，从这个意义上讲，所有经验事实都有成为科学事实的可能性，经验事实是绝对的，而科学事实是相对的。

（二）科学事实的主观性

科学事实源于主体的生成、选取，在此种意义上讲，科学事实具有主观性。

在第一章介绍语法信息概念时已经提及，主体通过感官经验对客观事实形成某种反映，但这种反映不是镜像式的反映，而是客观事实与主体感官系统相互作用后生成的一种符号序列，这种符号序列是基于主体感官系统的生物结构生成，具有属人性。客观事实与科学事实的关系不是一一对应的镜像关系，而是映射关系。“映射”是数学术语，表征两个元素集合之间的对应关系，一个集合中的元素通过一定规则的函数变换生成另一个集合中的元素。该术语被引入哲学领域，形象地描述了某些哲学范畴之间的对应关系。在这里，客观事实就是一个元素集合，科学事实是另一个元素集合，二者之间的函数变换规则就是主体感官系统的生理变化。前面已经提到，主体视网膜上的符号序列，是光信号对于视觉系统的刺激，主体看到的颜色序列并不是事物本身的自在属性，而是事物自在属性通过光信号与主体作用后的符号序列；主体听到的符号序列，是空气振动引发耳膜的振动，但耳膜的振动并不是，也不等于空气的振动；主体感受到事物的冷热序列，是主体对事物分子运动快慢的一种感受。

科学事实的产生主要源于主体的人为干预，特别是现代科学研究，实验室中的科学事实几乎都是主体人为干预自然的结果。这种人为干预的实验机制，我们在第一节已经进行了详细论述，此处不再赘述。

科学事实的选取具有主观性，这种主观性在上面已经提及，哪些经验事实可以成为科学活动中认识论信息演化的起点，这受到主体认识能力的限制。除此之外，显然还有许多非理性的主观因素会对科学事实的选取产生影响。例如，个人的研究偏好，主体的文化背景、宗教背景、兴趣爱好、性格特征等都可能会对科学事实的选取产生影响，社会建构论在这方面做了大量的田野式的案例研究，例如皮克林（A.Pickering）曾经提到过格拉泽之所以离开宇宙射线物理学而转向加速器实验室工作，是因为他不喜欢加入与大机器一起工作的群体。① 另外，社会因素也对科学事实的选取构成了影响。著名的科学社会学家默顿（R.K.Merton）通过研究 17 世纪科学同社会、技术、经济、政治、宗教、军事、文化等的关系，指出"假定科学家们在明确致力于解决引起他们注意的具体的实际问题时，他们有意地选择了研究的具体安排，这在理论上是天真的"②。外界对于科学的主观意向同科学发展的客观后果并不能总是吻合，"正如旨在寻求基础知识的研究一再带来事先未曾预料到的实际应用，旨在于实际应用的研究也时常会引起对自然界的齐一性的新理解"③。现代科学研究都离不开政府

---

① 参见安德鲁·皮克林：《实践的冲撞》，邢冬梅译，南京大学出版社 2004 年版，第 52 页。

② 罗伯特·金·默顿：《十七世纪英格兰的科学、技术与社会》，范岱年等译，商务印书馆 2004 年版，第 9 页。

③ 罗伯特·金·默顿：《十七世纪英格兰的科学、技术与社会》，范岱年等译，商务印书馆 2004 年版，第 9 页。

层面的资金支持，所以政府的决策在某种意义上也左右了哪些领域的客观事实进入科学认识的范畴，例如我国的“天眼”就已经发现了 59 颗较为优质的脉冲星候选体，其中的 44 颗已经被确认为最新探索到的脉冲星，不仅是可以观测脉冲星，天眼还对中性氢进行观测。这些科学事实的生成当然离不开政府对“天眼”工程的强力支持。

（三）科学事实的客观性

科学事实虽然是客观事实在主体感官系统上的映射，但科学事实是具体的，是客观的存在范畴。客观事实外在形式刺激主体感官系统之后形成符号序列，即语法信息。这些符号序列是具体的、客观的，这一点我们在第一章讨论语法信息时已经进行了深入论述。

作为语法信息的科学事实具有客观性，虽然科学事实的生成和选取具有主观性，但其一旦生成或者被选取，就具有客观性，不以主体的主观意志为转移。天体运动形成的科学事实是客观的，无论是坚持地心说的人，还是坚持日心说的人，在他们的感官系统中形成的科学事实都是一致的，我们不能说他们看到了不同的事实。当然，不同主体的感官系统能力是不同的，但这显然不构成对科学事实客观性的挑战，在实践中，主体的主体间性保证了科学事实此种意义上的客观性，“在集体劳动中，不会产生唯我论，不会有主观唯心主义”①。

洛克作为经验论的巨匠，对主体的感觉经验进行了深入的考察，把主体对于客体的表征分为第一性与第二性。第一性（形状、大小、重量）可以在外部世界找到自己的对应物，而第二性（颜色、声音、味道），则找不到对应物，他认为物体给我们的第一性的感觉是与物体相似的，而第二

① 冯契：《认识世界和认识自己》，华东师范大学出版社 1996 年版，第 119 页。

性在我们头脑中所产生的感觉，则完全同物体不相似。语境的自然主义用洛克关于物质第二性的分析来论证其语境主义的哲学观点。以颜色为例，他们认为应该把颜色放在客体、光、主体三者组成的系统中来分析，而不能单独地用其中一种来讨论，故而“一个客体的性质的存在依赖于其环境中一些或者所有客体的性质，它们相互作用”①。这种语境主义的观点夸大了感觉经验的偶然性、语境性，未能揭示其客观性的一面。

冯契的感觉论认为，感觉的内容是呈现在感官之前的客观事物，“红颜色就是760nm的光波，紫颜色就是390nm的光波，人尝到咸味就是盐本身的特性，感觉的内容和对象是一回事”②。我们可以用科学手段来确定760nm的光波呈现为红颜色光的条件，在这些条件下，760nm的光波一定会呈现为红颜色光。因此，冯契认为红颜色本身就是有客观内容的，即第二性的感觉亦是客观对象的呈现，而不是由外在于它的实在所造成的与它没有任何相似性的结果。

感觉经验的客观性也得到劳丹（L.Laudan）的认同，他认为科学中的经验问题具有连续性。虽然经验问题的范围随时代和相继研究传统的不同会有变化，但科学中的连续性大多出现在经验问题的领域中。他举例表明，自17世纪40年代以来，每一种光学理论都必须讨论光的折射现象。自古代以来，每一种天文学理论都必须揭示日蚀和月蚀现象。自17世纪50年代以来，每一种关于物质的学说都必须解释气体体积和压力之间的反比关系。自1800年以来，每一种化学理论都必须解释空气在燃烧过程中的现象。“历史表明，这类问题永远规定着科学所要从事的工作，不管科学的基本本体论发生了多大的变化，不管出现了多少新的研究传统，这

① J. R. Shook, “The Direct Contextual Realism Theory of Perception”, *The Journal of Speculative Philosophy*, No.4, 2003, pp.245–258.

② 冯契：《逻辑思维的辩证法》，华东师范大学出版社1997年版，第48页。

类问题中的许多问题始终是科学在其演化过程中所要说明的对象。”①

“观察渗透理论”命题所揭示的主观性对应的是主体对于科学事实的陈述，科学事实是客观的，但对其的陈述包含了主观的内容，也就是说科学事实是语法信息的范畴，而对科学事实的陈述则进入了语义信息的范畴，所以该命题不直接对作为语法信息的科学事实构成挑战。

二、科学认识活动的语义信息

语义信息是主体群体基于主体间性对语法信息的共识性感悟。主体对作为语法信息的科学事实的陈述，以及以此为起点展开的科学理论建构过程便是科学活动中语义信息的演化过程。

（一）科学事实陈述的语义信息演化

语法信息在主体内部形成之后，就会进入一个不断被主体加工的阶段，沃特金斯在《科学与怀疑论》中把包含事实知识的陈述分为了5级：

0级：第一人称的此时此地这种类型的知觉描述（例如：“现在在我的视野内，有一弯银色的新月悬挂在深蓝的天空上”）。

1级：关于可观察事物或事件的单称陈述（例如：“今夜有一弯新月”）。

2级：关于由可观察事物或事件所展示的一些规律的经验概括（例如：“春潮伴随新月而来”）。

3级：关于可测量的物理量的精确实验定律（例如：斯涅耳折射定律或查尔斯和盖·吕萨克气体定律）。

① 拉瑞·劳丹：《进步及其问题》，刘新民译，华夏出版社1999年版，第140页。

4级：假定存在不可观察实体的普遍而精确的科学理论（例如：法拉第—麦克斯韦力场理论）。①

可见，从科学事实到科学理论的建构是一个主观性不断增加的过程。仅就科学事实陈述而言，也存在着语义层次不同的两种陈述，比如“小球向地面运动”与“小球被地球吸引自由下落”就是两个不同层次的科学事实陈述，第二个陈述已经包含了万有引力理论的前提，这也正是“观察渗透理论”命题所表达的思想。如同库恩（T.Kuhn）在其名著《科学革命的结构》中所揭示的那样，科学共同体对于一定科学事实的陈述必定附载着当时的科学范式。

语义信息的演化过程伴随着主体主观性不断增加的过程，科学事实陈述的语义信息可以逐渐从具体科学事实陈述演化为一般科学事实陈述，例如，从“今天太阳东升西落”的陈述演化为“太阳东升西落”的陈述。然后再逐渐演化为包含更为丰富主观性的科学事实陈述，例如，弗兰西斯·培根对热现象的认识：

热是一种扩大的运动，它可以使物体膨胀；

热是一种上升运动，热向上传导；

热不是整个物体的一律运动，而是物体中较小部分的运动；

热是一种较快的分子运动。

弗兰西斯·培根的以上认识结论依然可以认为是对科学事实的一般陈

① 约翰·沃特金斯：《科学与怀疑论》，邱仁宗、范瑞平译，上海译文出版社2006年版，第4页。

述，还未上升到理论建构的高度。弗兰西斯·培根得到这些一般科学事实认识的方法正是他所提出的认识罗盘——归纳逻辑。可以看出，科学活动中的归纳方法主要用于科学事实的陈述阶段，仅仅依靠归纳逻辑，无法达到科学理论建构的语义信息演化阶段。

（二）科学理论的语义信息演化

相对于科学事实陈述的语义信息演化，科学理论建构的语义信息演化附载了更为丰富、复杂的主观因素，也就是说这个阶段的语义信息演化是一个科学事实陈述语义信息与主体已有语义信息不断融合作用的过程。因为科学理论的建构是从特殊到一般、从具体到抽象、从碎片化到系统化的过程，所以科学事实陈述语义信息与主体已有语义信息的融合作用，不仅不可避免，而且是必需。

科学理论发展的浅层阶段是针对科学事实陈述构建的唯象理论，所谓唯象理论指的是通过概括科学事实陈述得出的科学规律。唯象理论的功能主要是对科学事实进行描述和预测，并不深入解释科学事实背后的内在作用机制。科学的发展历程中，建构了诸多经典的唯象理论，开普勒三大定律便是其中的典型性代表。我们通过分析开普勒三大定律的建构过程，可以揭示唯象理论建构过程中的语义信息演化。

开普勒三大定律的内容为：

第一定律：所有行星绕太阳运动的轨道都是椭圆，太阳在椭圆的一个焦点上。

第二定律：行星和太阳的连线在相等的时间间隔内扫过的面积相等。

第三定律：所有行星绕太阳一周的时间的平方与它们轨道长半轴的立方的比值是恒定的。

将开普勒三大定律的内容与弗兰西斯·培根对热现象的认识进行对比，不难发现，开普勒三大定律包含了更丰富更深层次的主体建构因素，结合了主体更丰富更深层次的背景知识，体现了主体更丰富更深层次的能动性。

分析开普勒三大定律的内容，可以看出，仅仅依靠归纳逻辑，无法建立科学事实陈述与唯象理论之间的理性逻辑通道。如同李醒民教授所言，“从科学的历史不难看出在科学的幼年时期或初级阶段，科学定律往往借助归纳法或抽象和概括，从众多的特殊事实达到普遍的定律——当然这个过程也离不开创造性的想象”①。所以，面对同样的科学事实陈述，第谷未能提出椭圆轨道模型，而是提出一个地心说和日心说相互调和的行星模型，如图 2.4②。

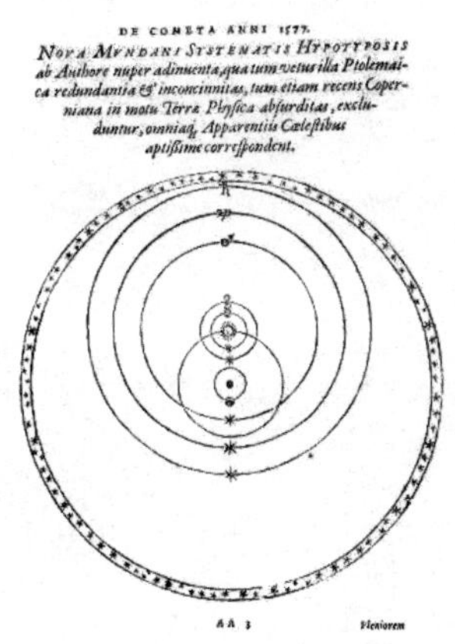

图 2.4　第谷的宇宙模型

① 李醒民:《论科学定律》,《中国政法大学学报》2008 年第 2 期。

② 石云里:《第谷对日心说和地心说的调和》，搜狐网，2017 年 6 月 6 日，http://www.sohu.com/a/149445811_472886。

科学事实陈述与唯象理论之间除了归纳逻辑理性通道之外，还包含着大量主体的已有语义信息，二者融合作用后不必然形成唯一的新语义信息即唯象理论。而对于相同的科学事实，在同样的科学范式下，利用归纳逻辑几乎都可以指向相同的语义信息即科学事实陈述，例如在同样的科学时期，我们很难想象可以得到不同于弗兰西斯·培根的关于热现象的科学事实陈述。所以，在同样的科学时期，科学事实陈述的语义信息可以通过归纳逻辑不断收敛至唯一形式，而唯象理论的语义信息无法通过归纳逻辑来达到唯一形式，而是相同科学事实陈述与不同主体的已有语义信息融合作用形成不同的语义信息形式，即唯象理论形式。结合科学事实陈述语义信息的演化过程，我们可以用图 2.5 来阐明唯象理论语义信息的演化过程。

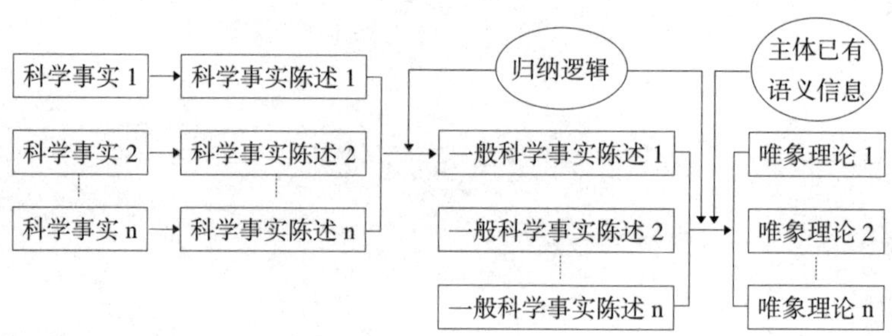

图 2.5　唯象理论的信息演化过程

在图 2.5 中由一般科学事实陈述向唯象理论演化的过程中，除了归纳逻辑外，还融入了主体已有语义信息。这部分语义信息包含主体已有的知识、信念、偏好等具体的背景信息，更重要的是包含了主体抽象的创造能力。在第一章分析语义信息时讨论了知识和智慧的产生机制，主体已有语义信息部分中的前者属于知识范畴，而后者即抽象的创造能力则属于智慧范畴。当然，归纳逻辑也属于智慧范畴，但它属于智慧中的显性智慧，属于群体共有的智慧，包含了收集信息、处理信息、理解推理、综合决策、执行策略等等。而创造能力则属于隐性智慧，包含目的、本能、直觉、抽象、想象、灵感、顿悟、美学和临场感等，具有神秘性。

科学理论发展的深层阶段是建构科学事实背后的作用机制。这个过程无疑包含了比唯象理论建构过程更丰富、更深层的主体信息。这个阶段的理论建构往往包含了主体的各种假设，例如卢瑟福的原子模型假设了原子核的存在，爱因斯坦的狭义相对论假设了光速不变等。然后从假设出发演绎地推理出理论体系。当然，科学假设不是主体随意的猜想，而是主体基于科学事实的天才式论断。科学理论的此种建构过程可以用图 2.6 阐明。

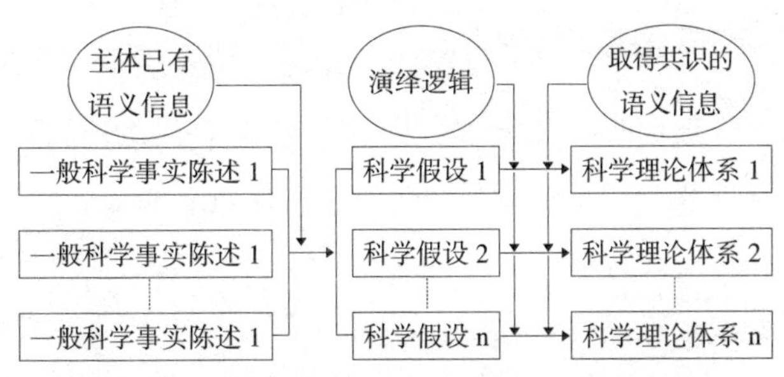

图 2.6　深层次科学理论建构过程的信息演化

从科学事实到科学假设的过程，不同主体形成的科学假设是不同的，这当然是因为这个过程不存在必然逻辑，这一点爱因斯坦曾明确指明："公理体系同直接经验不存在任何必然的逻辑联系（仅有非必然的可以改变的直觉联系或心理联系）"①。这种非必然逻辑关系与作为唯象理论的科学定律的形成是不同的，前面已经分析过唯象理论与科学事实之间归纳逻辑关系，李醒民教授也指出"由于科学（数学除外）中的定律与经验观察和实验事实关系密切——直接出自经验归纳和概括，或需要接受实

① 李醒民:《论科学定律》,《中国政法大学学报》2008 年第 2 期。

验的直接检验——因而往往也被称为实验定律或经验定律。”① 科学假设的提出是没有这种逻辑通道的，对于同样的科学事实，笛卡尔提出涡旋假设，牛顿则提出万有引力假设。科学假设提出之后，便可以演绎地推理出科学理论体系，当然科学假设不可能单独地演绎出复杂的科学理论体系，它只是承担了科学理论体系出发点或理论内核的作用，演绎推理的前提还应该包含学界形成共识的一些科学命题。在此过程中，作为知识的语义信息（形成共识的科学命题）和作为显性智慧的语义信息（演绎逻辑）共同参与了科学理论体系的形成，这是一个存在必然路径的语义信息演化过程。

当然，无论是图 2.5 阐明的唯象理论信息演化过程，还是图 2.6 阐明的更深层次科学理论的信息演化过程，都只是单向度的信息演化图景的描述。真实的科学理论建构过程是一个存在反馈机制的信息演化闭环模型，涉及到理论在与实验结果对比后不断重新调整的过程，此种信息演化过程分析我们将在本章第三节的内容中分析。

三、科学认识活动的语用信息

语用信息指的是事物运动状态及其变化方式带给主体的效用价值。语用信息可以产生于语义信息生成之前，也可以产生于语义信息生成之后。在科学认识活动中，科学事实陈述是基于语法信息和语用信息的生成，基于科学事实陈述建构的科学理论是语义信息的演化，这个过程也融入了语用信息的作用。也就是说，从语法信息到语义信息的生成，即从科学事实到科学事实陈述的形成，语用信息起到了关键作用，这属于语义信息生成

① 李醒民：《论科学定律》，《中国政法大学学报》2008 年第 2 期。

前的语用信息作用；从科学事实陈述到科学理论的建构过程，即语义信息的演化过程中，语用信息也融入其中，这属于语义信息生成后的语用信息作用。

（一）从语法信息到语义信息过程中的语用信息作用

语义信息的生成离不开语用信息的作用，语义信息生成是基于语法信息和语用信息的相互作用。语法信息是客观事实外在形式刺激主体感官系统之后形成符号序列，从语法信息到语义信息的生成，是主体赋予这些符号序列内在含义的过程，而这个过程显然与主体对符号序列价值效用的认识密不可分。

哲学的语言学转向使得学界对语用的哲学内涵进行了深入研究，科学哲学的研究也开始关注语言与其使用者之间的关系，即关注语言使用者在使用语言时所处的语境，这包括了使用语言的目的、效果、意味、言说者和受众的关系等。这样一来，科学哲学的研究从关注基于语法的科学命题之间的逻辑关系，发展到关注基于语义的科学命题与指称对象科学事实之间的关系，再进一步扩展到科学理论、科学事实、科学语境三者之间的关系。

科学事实的陈述离不开当时的科学语境，对于科学语境的关注首先是从库恩开始的，库恩在其名著《科学革命的结构》中提出“范式”和“科学共同体”的概念，两个概念又具有相互界定的关系，范式是一定的科学共同体集体遵循的信念，而科学共同体又是遵循同一范式的科学研究者团体。在库恩看来，离开特定范式科学研究是无法开展的，因为任何科学研究都要基于一定的基础或前提，否则科学的发展就成了一团漆黑，以至于成为难以理解的东西，而这基础或前提正是范式提供的。库恩用“不可通约性”来表明两个不同范式之间的相互无法理解，“不仅是不相容的，而且实际上是不可通约的”[①]。不同范式之间的转换是一种“格式塔”式的转换，“革命之前科学家世界中的鸭子，在革命之后就变成了兔子”[②]。伏尔泰曾经描述过笛卡尔涡旋说和牛顿引力说之间的这种不可通约：“一个法国人到了伦敦，发觉哲学上的东西跟其他的事物一样变化很大。他去的时候还觉着宇宙是充实的，而现在发现宇宙空虚了。在巴黎，人们认为宇宙是由精密物质的涡旋组成的；而在伦敦，人们却一点也不这么看。在法国人看来，潮汐现象的产生是由于月球的压力，而英国人却认为是由于海水受到了月球的吸引。对于笛卡尔主义者而言，每一种事物都是由无人知晓的推力完成的；而对于牛顿主义者而言，则是由一种引力完成的。”[③]

在语法信息科学事实向语义信息科学事实陈述转变的过程中，范式起到了语用信息的作用。对一定的语法信息赋予怎样的语义内涵，显然要受范式的规范，科学的语义信息要基于范式来赋义和理解。甚至于什么样的经验事实可以进入科学研究领域从而成为科学事实，也是受范式规范的，“在范式统率下的常规科学研究的视域是相对有限的，凡不适合这个范式的问题或对象，科学家们往往视而不见。他们总是根据范式所提供的方法来深入范式规定的所谓难题”[④]。

因为在库恩的书中范式与科学共同体相互定义，所以存在着阐述不清晰的嫌疑，阿佩尔（K.O.Apel）则通过“语言游戏规则”来揭示共同体的生成机制。与库恩的科学共同体相比，阿佩尔用语言交往共同体的概念来

---

① T.S.Kuhn, *The Structure of Scientific Revolutions*, Chicago: Chicago University Press, 1962，p.103.

② T.S.Kuhn, *The Structure of Scientific Revolutions*, Chicago: Chicago University Press, 1962, p.112.

③ 林德宏：《科学思想史》，江苏科学技术出版社 2004 年版，第 111 页。

④ 张今杰、林艳：《“范式”与“语言游戏规则”——库恩科学革命理论与卡尔-奥托·阿佩尔先验语用学比较研究》，《北方论丛》2011 年第 4 期。

解释语法信息到语义信息的生成。阿佩尔认为，人在与他人的交往过程中形成了理性主体，人的理性从一开始就不可避免地拥有一种社会的维度。所以，每个理性主体都具有作为社会参与者的语言游戏规则。

阿佩尔的语言游戏规则将康德意义上的主体性转向了基于语用的主体间性，主体间性强调一定群体在交往中形成共同的规则，而不是将主体与客体视为各自孤立、纯粹的二元对立，这样使得知识的概念被理解为主体间的共同约定。阿佩尔指出："在对真理的追求中——如科学家和哲学家——我们必须总是已经进入一个论辩言谈的情境之中（这是先验符号学或先验语用学不可规避的事实）。"① 这是因为，"交往共同体被证明是一个先验视界，当理论的和实践的理性相融合时，这意味着每一个人就他或她是人类社会的一员而言，总是已经融入到了交往共同体中"②。在交往共同体中，每个理性主体已经被交织于规范性假设的网络之中了，"一个人也许可以假装不理会先验语言游戏的这些先验假设，但当他或她在冒险陷入了'施行性自我矛盾'时就身不由己了"③。

所以在阿佩尔这里，语法信息到语义信息的生成过程，主要是基于主体间性的语用学来实现的："语言不仅是事实和事态的前提条件，而且也是主体间知识的有效性和可能性的前提条件，语言是主体间有效意义的人类建制，只有语言的意义约定为意义的主体间有效性提供了必要的条件。对语言先验地位的强调将成为阿佩尔与其他语言学家相比较的突出的规范

① K.O.Apel, *From a Transcendental Semiotics Point of View,* Manchester: Manchester University Press, 1998, p.58.

② E.Mendieta, *Towards a Transcendental Semiotics, NewJersey:* Humanities Press, 1994, p.xvi.

③ E.Mendieta, *Towards a Transcendental Semiotics, NewJersey:* Humanities Press, 1994, p.xvi.

性特征。”①

（二）语义信息演化过程中的语用信息作用

图 2.6 阐述的科学理论建构过程，是语义信息演化的展开过程，这其间融入了群体共有的显性智慧演绎逻辑，也融入了共识性的知识背景，当然也包括了科学家作为个体的隐性智慧。随着科学哲学的语言学转向，科学理论建构过程的语用学维度逐渐被学界关注，比较具有代表性的就是范·弗拉森（B.C.Van Fraasse）的语用学说明模型。

传统上的科学解释模型，例如经典的亨佩尔（C.Hempel）建构的 D—N 模型，只是关注科学理论与科学事实之间的逻辑关系：“在预设的规律中把事实纳入解释中，一个事实的解释由此就被还原为陈述之间的一种逻辑关系，只要满足了解释的相关性和可检验性要求，并且前提全部为真的话，便是一个真正的科学解释，而语用方面则不必考虑。”②

范·弗拉森则将语用学的视角带入了科学解释问题，他认为传统科学解释是一种独立于充满了语境的语言单元，然而科学解释是依赖于解释主体的，在不同的解释语境中，解释主体形成的提问方式是不同的，故而形成的回答方式、解释形式也是不可能相同的。也就是说，一个科学事件不仅仅存在一种正确的科学解释。这种关注科学解释语境的语用学分析超越了逻辑经验主义“所有解释都是唯一地运用语形和语义分析”的教条，“对科学理论的认识已不仅仅是科学解释的问题，而应从科学共同体的意向、心理、行为等各个方面认识，在科学语用学基础上所建构的解释才能对科

① E.Mendieta, *Towards a Transcendental Semiotics, NewJersey:* Humanities Press, 1994, p.xvi.

② 殷杰、郭贵春：《从科学逻辑到科学语用学——论科学解释模型的范式转变》，《自然辩证法研究》2003 年第 9 期。

学理论的本质做出真正认识”[①]。

对一定的语法信息赋予涵义之后，相同的语义信息对于不同主体又具有不同的效用和价值。范·弗拉森将特定的人和特定时刻说出的话定义为语境，语境可能被认为是被一定群体所公认的预设或所接受的理论，也可能是特定的世界图景。范·弗拉森认为科学解释是某个时刻、某个地点、某个事件的特定状况，表明的是科学理论与科学事实陈述之间的语境相关关系。在某一个语境下科学事实陈述与某一个科学理论相关联，而在另一语境下同样的科学事实陈述与另一个科学理论相关联。范·弗拉森指出："科学解释不是（纯粹）科学，而是科学的应用。它是满足我们特定愿望的一种科学使用；这种愿望在特定的相互关联中不尽相同。但它们总是描述信息的愿望。"[②]这就表明，科学理论是一种解释活动，这种解释不仅是科学理论与科学事实陈述的符合，而且与科学认识主体的需要相关，这种需要则依赖于一定的语境。解释是依赖于解释主体的，这必然造成解释主体对于科学理论的选择，所以解释主体的需要限定了科学理论的形成，同时也形成了解释的语境。

科学解释的主体依赖形成了解释语境的差异，这种语境的差异表现在不同解释主体的不同提问方式，以及由此形成的特定的回答问题的方式、解释形式。科学解释不仅是语法和语义分析，也包含着解释主体的意向、心理和行为等各个方面。另外，范·弗拉森认为解释主体的背景知识也是语境的组成部分。对于同样的科学事实陈述，不同的解释主体基于其背景知识，可以产生不同的科学解释。"例如对于瘟疫流行的原因，在细菌学家看来，是病人血液中的细菌感染；在昆虫学家看来，是带传染病原的跳

① 殷杰、郭贵春：《从科学逻辑到科学语用学——论科学解释模型的范式转变》，《自然辩证法研究》2003 年第 9 期。

② B.C.Van Fraasse, *The Scientific Image,* Oxford: Clarendon Press, 1980, p.156.

蚤引起的；在流行病学家看来，是携带传染病菌的老鼠引起的。这些解释都是正确的，但是，不同的解释者有不同的自认为恰当的解释。”①

在范·弗拉森看来，不仅同样的科学事实陈述基于语境形成不同的科学理论，而且对于这些不同理论的评价也要考虑语境的因素。对科学理论的评价，涉及解释主体特定的语境，包含解释主体的行为、社会经验、智力水平、理解能力等等。“在语境中，它们既不是由所接受的科学理论的总体性特征决定的，也不是由需要给出解释的事实或事件决定的。”②

范·弗拉森也提到了科学理论呈现出具有客观性的形象的原因，这是因为科学理论一旦被解释主体选定，它与解释对象即科学事实陈述之间就产生了不以主体主观意志为转移的解释和被解释关系。也就是说，只要科学理论是在科学范围内作出的，那么科学理论与科学事实陈述之间的关系就具有客观性。所以，从某种意义上讲，我们回溯科学的发展历程往往是遮蔽了这种选择的语境，而只是看到从科学事实陈述到科学理论解释的逻辑关系。正如范·弗拉森所言：“说明因素是在一定范围内从某种以特殊方式客观相关的（或科学理论所列举的）因素中挑选出来的——但是，这种选择是由其他随说明要求的语境而变化的因素决定的。”③

最后需要指出的是，将科学活动分两个阶段来分析语用信息的作用，不是说范式或语言规则只在第一个阶段，即语法信息到语义信息生成阶段，起到语用信息的作用；而在第二个阶段，即语义信息的演化阶段，不起作用。事实上，范式或语言规则在科学理论的建构过程中也起着重要的规范作用；同样，范·弗拉森的语用学模式也对语法信息到语义信息的生

① 闫坤如：《范·弗拉森的语境相关解释模型》，《哲学研究》2009 年第 9 期。

② B.C.Van Fraasse, *The Scientific Image*, Oxford: Clarendon Press, 1980, p.164.

③ B.C.Van Fraasse, *The Scientific Image*, Oxford: Clarendon Press, 1980, p.126.

成发生着语用作用。我们分阶段来考察科学活动中的语用信息作用，更有利于揭示语法信息、语义信息、语用信息之间的相互作用方式，阐明科学的运行机制。

第三节　基于信息哲学的科学检验过程分析

科学检验过程是科学活动的重要环节，自然科学也被称为实证科学，离开检验环节，科学就失去了其最本质特征。波普尔（C.Popper）的证伪理论也表明，科学与非科学最大的区别就在于科学的可证伪性，也就是说科学最大的特征在于它是可以被检验的。

一、科学检验过程中的信息演化

科学理论建构完成之后，将开放地面对今后科学活动的检验。严格地讲，对某个科学理论的检验是多层次、多维度的。科学检验包括理论检验和事实检验，其中事实检验既包含与已有科学事实的对比，也包含与新颖科学事实的对比。也就是说科学检验是一个开放的、动态的过程，既有共时的检验，也有历时的检验。

（一）科学检验中的理论检验

科学检验中的理论检验主要是共时的检验，即与当时科学共同体公认的可信赖理论的对比，一个新建构的科学理论必须能够逻辑自洽地融入当时的科学理论整体体系，不能够与科学共同体公认的可信赖理论有无法调和的逻辑矛盾。当然，随着科学的发展，一个科学理论也会被不断拿来与更新的科学理论进行对比，但这种对比很难被理解为历时的检验。因为，一来新理论与旧理论的对比，更应该理解为对新理论的检验；二来两个前后生成的具体科学理论对比，更应该理解为理论的竞争，而非对旧理论的检验。所以，科学检验的理论检验主要指的是新理论与当时科学理论整体体系的相容性分析。

当然，考察科学的历史，我们会发现这种所谓的理论检验似乎是存疑的，因为科学革命正是新理论对已有科学整体体系提出挑战才实现的，此时新理论与已有的科学共同体公认的可信赖理论无疑是存在着深层次的逻辑矛盾。对于这个问题，我们的理解是这样的，首先，基于库恩的科学革命的结构理论，科学发展的绝大多数时期都属于常规科学时期，在常规科学时期，一个新建构理论服从当时范式的规范作用是必须的，也就是说绝大多数时候，新建构的科学理论是要服从理论检验的；另外，对一个科学理论的检验不仅仅有理论检验，还存在着事实检验，一个新建构的科学理论面临的不是单维度的检验模式，而是理论检验和事实检验的综合检验，在科学革命时期，综合检验的结果使得革命性的理论超越了理论检验的规范作用。所以，尽管存在着科学革命这种理论检验不起作用的情况，但是理论检验依然是科学活动的基本要求。

（二）科学检验中的事实检验

科学检验中的事实检验既是共时性的要求，也是历时性的要求。一个新建构的科学理论既要能够解释当时已有的科学事实，也要继续接受不断产生的新的科学事实的检验。所以，科学检验中的事实检验是一个开放性的、不断面向未来的、永无终结的检验过程。

一个新建构的科学理论往往能够通过共时性的事实检验，因为科学理论在建构过程中往往就已经预先进行了这种检验过程。科学家在建构科学理论时，必须要考虑到理论要与已有的科学事实相匹配。也就是说，已有科学事实构成了对科学理论建构的约束条件，所以一个科学理论一旦建构出来，通常能够经受住已有科学事实的检验。

当然，新建构的科学理论通常能够经受已有科学事实检验的这一论断也不是绝对的，严格上讲，科学史任何一个时期都不存在哪一种科学理论能解释所有科学事实的情况，所以，这里谈的科学检验通常指核心科学事实的检验。所谓核心科学事实指的是科学共同体比较关注的一组科学事实，例如在古希腊科学时期，天文学领域的研究集中关注的科学事实是五大行星、太阳、月球等少数天体的运行轨迹。所以，哥白尼的日心说提出的伊始很难回应一些基于日常经验的批评，例如，如果地球在运动，为什么地球上的物体不会被甩出去？如果地球自西往东运动，为什么我们看不到整体自东往西运动的飞鸟、白云？如果地球在运动，为什么我们感觉不到迎面而来的风？如果地球在运动，为什么从空中落下的物体会垂直下落而不是落在地球运动反方向的地方？等等诸如此类的批评。但是哥白尼的日心说能够很好地解释五大行星、太阳、月球的运动，能够恢复古希腊天文学研究的正圆传统，这就使得许多科学家相信和支持哥白尼的学说。

新建构的科学理论主要接受已有核心科学事实检验的情况与拉卡托斯（I.Lakatos）对科学史中新科学理论通常面临诸多困难的分析是相符合的。拉卡托斯认为一个新的科学理论在提出的伊始，通常会面临很多的反常现象无法解释，但要允许新理论出现这种幼稚的阶段，允许新理论有一个逐渐发展从而走向成熟的过程。结合上述分析，可以看出，对一个新科学理论的宽容是建立在这个理论能够解释核心科学事实的前提之上的。

科学理论检验的历时性要求主要指的是一个理论要不断经受新的科学事实的检验。这种历时性的检验有时候是被动的，新发现的科学事实——无论是天然的本体论信息的反映，还是人工的本体论信息的反映，都需要纳入已有科学理论的解释范畴，若解释出了问题，就需要对已有理论进行重新的考量。例如，实验室发现的线状氢光谱现象，对卢瑟福的原子模型就构成了挑战，原子的行星模型无法解释光谱波长不连续分布的实验现象，这个困难随着玻尔提出半经典原子模型从而得到很好的解决。

但是大多数时候，历时性的科学检验是科学家们针对新建构的理论来设计检验实验，或基于新建构的理论来预言新的科学事实。例如，著名的卢瑟福实验是针对汤姆逊的“葡萄干面包”模型进行的实验检验；迈克尔逊—莫雷实验是针对以太假设进行的实验检验；爱丁顿日全食观测是针对爱因斯坦的广义相对论的实验检验。

主体主动的科学检验，也是一个复杂的信息演化过程。一个新建构的科学理论通常是对于某事物——例如事物 A 的认识。检验科学理论的实验设计通常是令事物 B 与事物 A 相互作用，事物 B 的本体论信息主体已经得到认识。关于事物 A 和事物 B 相互作用的科学事实，主体根据新建构的理论进行逻辑推演，理论推演的科学事实与实验室发生的科学事实进行比较，以此来对新建构的理论进行检验。这个检验过程的信息演化如图 2.7 所示。

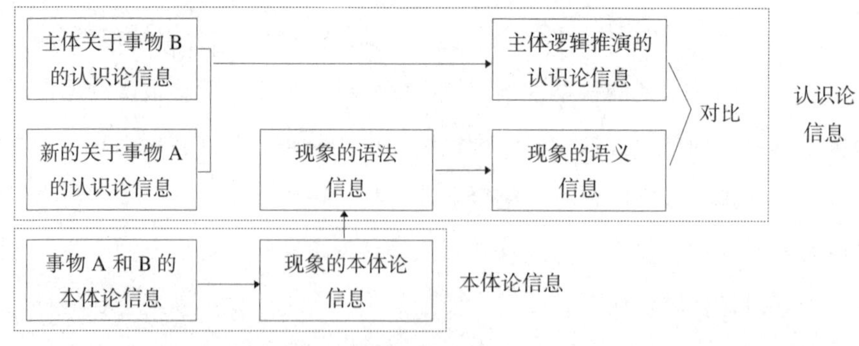

图 2.7　实验检验的信息运动

在卢瑟福实验中，用 α 粒子轰击金属薄膜，使得 α 粒子与原子相互作用，按照汤姆逊“葡萄干面包”模型对于原子结构的认识，以及科学界对于 α 粒子属性的认识，可以逻辑地推演出 α 粒子将全部顺利通过金属薄膜，理论推演出的具体实验现象应该是 α 粒子全部集中在检测屏的某一点附近。但是实验呈现的真实实验现象则是部分 α 粒子发生了散射，甚至有些 α 粒子被原路弹回。理论预测的实验现象与实验室呈现的实验现象无法匹配，从而推动卢瑟福否定了汤姆逊的“葡萄干面包模型”，继而提出原子的行星模型，在模型中假设了原子核的存在。在迈克尔逊—莫雷实验中，设计了垂直于以太运动方向的光和平行于以太运动方向的光进行干涉，按照以太模型对于以太速度的认识，以及科学界已有的对于光的干涉现象的认识，可以逻辑地推演出因为以太速度对于干涉现象的影响情况。但是实验呈现的真实实验现象却始终无法对应理论预测的现象，这促使科学界重新思考关于以太的模型假设，继而出现了爱因斯坦狭义相对论的新的理论建构。

以上两个著名实验都是科学界主动设计实验来检验新建构理论的例子，爱丁顿的日全食观测则是新建构的理论通过预言新的科学事实从而达成科学检验的例子。后者的科学检验与前者并无本质上的区别，在图 2.7 中只是对应事物 A 和事物 B 相互作用是天然地呈现还是主体干预的区别。

二、科学检验的可重复性分析

可重复性是对科学检验的基本要求，不可重复的科学检验达不到对科学理论实证或者证伪的目的。可重复性的要求有着多种维度的哲学内涵，这是学界长期以来忽视的一个重要研究领域。肖显静教授在《科学实验“可重复”的三种内涵及其作用分析》一文中梳理总结了可重复性的三种不同哲学内涵。

肖显静教授将可重复性第一种维度的哲学内涵解读为“可重现性”，其对应英文为“repeatability”。它指的是对于某一次科学检验，同一个实验者或者不同实验者在相同的实验条件下，选择相同的实验仪器，采用相同的实验材料，按照原先的实验程序，可以呈现出与原先实验相同的实验现象。这里所指的与原先实验相同的实验现象不仅包括实验结果的相同呈现，也包括实验过程的相同呈现。当然，这里所谓的“相同”不可能达到绝对意义上的相同，而应该理解为两次实验现象之间的差异保持在一定的范围之内。1903 年法国著名物理学家布隆德洛宣布发现了一种新的射线——N 射线。这个激动人心的新发现在国际科学界引起巨大轰动，法国国内学界更是马上针对 N 射线跟进了多项科学研究，发表了一系列相关论文。但英国的开尔文、克鲁克斯，德国的卢梅尔、鲁斯本、德鲁德，美国的伍德等世界著名的物理学家虽然都对 N 射线投入极大热情，并按照布隆德洛的实验方法进行了实验，然而都未能在实验室中发现 N 射线。布隆德洛的实验在国际物理学界引发了广泛的质疑，到 1905 年，法国物理学界也基本终止了与 N 射线相关的研究。N 射线科学事件是科学史上最引人注目的重大丑闻之一，现在回看这个事件，也许布隆德洛并没有存心欺骗，也许实验中的一些幻象使得拥有良好科学声誉的布隆德洛也产生了错误判断，这种错误判断在当时各种新射线在实验中不断被发现的科学时期很快被学界接受，加上一些与科学无关的心理暗示、民族自尊心等因素，从而导致 N 射线居然在学界掀起一番研究热潮。但幻象毕竟经不住可重现性的实验检验，最后只能沦为一番闹剧。2016 年引发国内外强烈关注的韩春雨事件也是此种可重复性无法达到的案例，2016 年 5 月 2 日，韩春雨博士在国际顶级期刊《自然・生物技术》杂志上发表论文，宣称发明了一种新的基因编辑技术——NgAgo-gDNA。然而，学界多位学者在按照韩春雨博士在文中的实验程序进行实验后声称无法重复该实验，继而引发学界广泛的关注和争议，2017年8月，韩春雨博士主动撤回了该篇文章。

肖显静教授将可重复性第二种维度的哲学内涵解读为“可再现性”，其对应英文为“reproducibility”。它指的是“相同或不同的实验者，或者在不同的实验室，或者负荷不同的理论，或者运用不同的实验仪器，或者进行不同的实验操作，等等”①，最终得到的实验结果验证了科学理论的可靠性。当然，肖显静教授这里所提到的“在不同的实验室”应该指的是运用不同的实验材料，或不同的实验仪器，或不同的实验程序等，因为前面分析的可重复性的第一种情况，即可重现性，也可以是在不同实验室里进行的重复检验，若在不同实验室采用的是相同实验材料、实验仪器、实验程序进行的检验，那显然仍然属于第一种意义上的可重复性，即可重现性，而不是第二种意义上的可重复性，即可再现性。

可以看出，第一种意义上的可重复性，即可重现性，在图2.7中代表着本体论信息的演化具有可重复性；而第二种意义上的可重复性，即可再现性，在图2.7中代表着，我们用事物C或D……来代替事物B，一样可以实现理论推演的实验现象与真实实验现象的吻合。

很显然，我们可以将可再现性的科学检验理解为对一个科学理论的多个检验，可以从归纳逻辑的角度理解为一个科学理论的可靠性得到进一步确认。而可重现性的科学检验不能理解为对一个科学理论的多个检验，只能理解为对一个科学检验的多次重复。对一个科学理论的每个检验，都需要进行多次重复来确保其真实性和可靠性。换言之，可再现性检验是对某一个科学理论可靠性的进一步确认，而可重现性检验是对某一个科学检验

① 肖显静：《科学实验“可重复”的三种内涵及其作用分析》，《自然辩证法研究》2018年第7期。

可靠性的进一步确认，这是不同维度的可重复性要求。所以，“一般而言，从不同的实验所获得的结果的‘reproducibility’，要比从同一实验的‘重复’中得到对某一假设更多的证实。”① 例如对于阿伏伽德罗常数的测定，可以基于不同的科学理论，采用不同的实验方法来进行测定。具体地讲，有“气体运动论法、布朗运动法、电子电荷法、黑体辐射法、ct 粒子计数法、平差法、单分子膜层法、X 晶体密度法和电解法等”②。当然，采用不同的科学理论和不同的实验方法来进行测定通常不是分离的，不是说有的方法用的是不同的理论，而有的方法用的是不同的实验，因为采用不同的科学理论通常必然导致采用不同的科学实验。

可再现性是科学检验的更高要求，是科学理论可靠性的根本保证，体现着科学检验更为本质的哲学特征。一个成熟的、被学界广泛认可其可靠性的科学理论必定要经过可再现的科学检验，不然其可靠性就是存疑的。凯西（P.Cassey）和布莱克本（T.M.Blackburn）明确指出可再现性科学检验的优越性，“与‘repeatability’相比，‘reproducibility’可能是更可取的，原因是：第一，在拓展或者试图证伪一篇论文的研究结果时，如果能够准确地‘replicate’这个结果，则是非常有用的；第二，‘reproducibility’被认为是理想选择，因为它可以预防数据丢失和人为错误；第三，‘reproducibility’可能还会避免故意的欺骗行为”③。

肖显静教授将可重复性第三种维度的哲学内涵解读为“可复现性”，

---

① A.Franklin, C.Howson, “Why do Scientist Prefer to Vary Their Experiments?”, *Stud, Hist.Phil.Scil.*, No.1, 1984, pp.51–62.

② 肖显静：《科学实验“可重复”的三种内涵及其作用分析》，《自然辩证法研究》2018 年第 7 期。

③ P.Cassey, T.M.Blackburn, “Reproducibility and Repeatability in Ecology”, *BioScience*, No.12, 2006, pp.958–959.

其对应英文为“replicability”。可复现性通常适用于科学检验中的同一类对象的不同个体，或者时空环境的随机变异性。

在医学上经常采用的双盲实验就是可复现性的要求。医学上检测一种药物的效果，会要求检测者和被检测者都不清楚具体哪些被检测者服用了被检测药物，因为如果检测者知道了哪些被检测者服用了被检测药物，就会产生心理偏向，会主观上倾向于认为服用了被检测药物的被检测者产生了药物效果；而如果被检测者知道了自己服用了被检测药物，就会产生安慰剂的作用，从而影响药物检测的客观性。所以双盲实验对检测者和被检测者都屏蔽检测信息，从而可以避免这种统计偏差。

可复现性通常也运用于生态学统计，例如在实验中分析某一种化肥是否会对某一种植物生长产生决定性的影响时，只针对一盆该植物进行分析显然是无法达到有效实验结果的，因为我们不清楚植物的生长究竟是化肥的促进还是植物自身的生长规律。对 20 盆该植物中的 10 盆进行施肥，对比被施肥的 10 盆植物与未被施肥的 10 盆植物的生长情况就可以达到实验检验效果。当然，在 20 盆植物中选择哪 10 盆进行施肥也是需要考虑各种细节的，不能选择左边的 10 盆施肥，而右边 10 盆不施肥，因为左边 10 盆植物生长快也可能是因为左边受到的光照更久，这样同样起不到实验检验的效果。正确的做法是对 20 盆植物进行随机施肥，这样就会尽可能地降低其他各种影响因素，从而达到实验检验的效果。当然，在科学检验中，检验样本越大，检验的效果也会越好，这是基于统计学的保证。总之，在此类科学检验中，需要针对差异性的实验单元进行相应的、恰当的处理，“从而使得实验结果具有统计的独立性，并进而使得实验结果的有效性得到保证”①。

① 肖显静：《科学实验“可重复”的三种内涵及其作用分析》，《自然辩证法研究》2018 年第 7 期。

从科学实验检验科学理论的角度来讲，第一种检验——可重现性，和第三种检验——可复现性，是针对检验的检验，是对检验的真实性和科学性进行的检验，是保证检验有效性的检验。这两种检验都是对科学检验的保障性程序，是对科学检验本身提出的程序性要求，从哲学内涵上讲，不构成科学理论检验的本质要求。第二种检验——可再现性，才是针对科学理论的检验，它是对科学理论的一种交叉性检验，是对科学理论可靠性的进一步实证性支持。

三、科学检验的非决定性分析

科学检验是一个复杂的行为，在前面的分析中我们将科学检验分为理论检验和事实检验，理论检验涉及科学共同体对于已有理论或者说范式的信心，但已有理论或者范式是可以发展的，所以理论检验不具有决定性，科学史上新理论与旧范式发生矛盾后导致范式转换的例子也是屡见不鲜。所以，通常科学家将检验科学理论的主要依据寄托在事实检验之上，社会公众对于科学的认识似乎也是如此，所谓“实践检验真理”。

但科学检验中的事实检验也不具有决定性。这主要是因为事实检验中不可避免地会融入理论。从这个意义上讲，我们将科学检验进行理论检验和事实检验的区分是面临挑战的，这种区分可能只是形式上的一种分类，不涉及科学观测或实验程序，只进行理论之间逻辑对比的检验为理论检验，诉诸于科学观测或实验程序的检验为事实检验。但如果我们深入到事实检验的具体细节，就会发现事实检验中处处都渗透着理论的因素，离开理论的支持，科学实验，甚至是科学观测，都几乎是无法进行的。

首先，事实检验中对于实验现象的陈述，即科学事实陈述，通常都预设着一定的理论背景，所谓“观察渗透理论”。几乎不存在所谓的纯粹事实与理论的比较，当然，作为语法信息的科学事实是具有客观性的，但通常作为语法信息的科学事实很难对一个理论进行言说，科学家用实验现象来评判理论的过程中使用的往往都是基于语法信息的语义诠释，也就是说，科学家在陈述一个实验现象与某个科学理论的对比时，这个实验现象的陈述已经是融入特定理论背景的语义信息。迪昂认识到，“当你走进实验室，你看到的所做的实验像物理学中的任何实验一样，包含两个部分。首先，它在于某些事实的观察。为了进行这种观察，你只要使你的感官充分注意和警觉就足够了，了解物理学是不必要的，实验室主任可能在这种观察事务上不如助手技艺娴熟。其次，它在于被观察的事实的诠释。为了进行诠释，仅有警觉的注意和实践的眼光是不够的，必须知道所接受的理论，必须了解如何应用它们，一句话，必须是一位物理学家。”①迪昂谈到的问题就是我们所提到的科学事实与科学事实陈述的区分，或者说是浅层的科学事实陈述与深层的科学事实陈述的区分。科学事实是语法信息，具有客观性，浅层的科学事实陈述虽然是语义信息，但未包含深层次的科学理论，是基于主体间性的对语法信息初步赋义，仍然具有客观性。语法信息的接受或者浅层的科学事实陈述，不包含过多的科学理论，但这个层次的科学事实陈述对于科学实验来说是远远不够的，用迪昂的话讲，这个工作甚至都不需要了解物理学，一个实验助手都可以做得比最一流的物理学家出色。但科学实验中的科学事实陈述通常都是包含了深层的科学理论，这个工作就不是技艺娴熟的实验助手所能完成的，实验者必须是充分了解相关理论的物理学家。

迪昂以气体的可压缩性为例说明了科学事实陈述包含了科学理论诠释。实验者将一定量的气体冲入一定的实验容器，密闭实验容器，然后保

① 迪昂：《物理学理论的目的和结构》，李醒民译，华夏出版社1999年版，第162页。

持温度不变，测量气体压力与气体体积之间的变化关系。实验者在这个实验中观察到的科学事实是压力计、高差计、温度计的图像和刻度，但他在实验报告中记录的并不是这些，而是气体的体积、压力、温度的数值。这些数值显然不是语法意义上的科学事实，也不是浅层的科学事实陈述，而是进行了复杂科学理论诠释的深层的科学事实陈述。只有物理学理论才能将抽象的符号与具体的科学事实进行关联。并且，为了得到这些数值，实验者必须诉诸数学和几何的抽象观念和原理，以及光学、力学等诸多科学理论。所以，迪昂断言："物理学中的实验是对现象的精确观察，同时伴随着对这些现象的诠释：这种诠释借助观察者认可的理论，用与数据对应的抽象的和符号的描述，代替观察实际收集的具体数据。"①

迪昂进一步论证了"物理学中的实验结果是抽象的和符号的判断"这一结论。他说："实验物理学家从事的操作的结果决不是具体事实群的感知；它是把某些抽象的和符号的观念相互联系起来的判断的系统阐明，唯有理论才能使这些观念与实际观察到的事实相关。"② 迪昂的论证表明：实验室里的科学事实陈述并不是科学事实的语言翻译，即浅层的科学事实陈述，而是科学理论诠释，即深层的科学事实陈述。在科学事实陈述中包含的抽象符号与作为语法信息的科学事实之间存在着某种意义上的映射关系，但绝不是完全等同的镜像关系。抽象符号无法达到对具体科学事实的完备描述，一组具体的科学事实可以对应多种互不相容的科学事实陈述，例如同样的行星运动，牛顿时期陈述为"太阳吸引着行星圆周运动"，爱因斯坦时期陈述为"行星在弯曲的空间中运动"。"在实验过程中实际观察到的现象和物理学家系统阐述的结果之间，插入了一个十分复杂的理智精

---

① 迪昂：《物理学理论的目的和结构》，李醒民译，华夏出版社 1999 年版，第 162 页。

② 迪昂：《物理学理论的目的和结构》，李醒民译，华夏出版社 1999 年版，第 162 页。

制品，这种精制品用抽象的符号的判断代替具体事实的叙述。”①

其次，科学实验仪器本身就包含着科学理论诠释。科学实验仪器的设计通常体现着科学理论的指导。哪怕最简单的一些实验测量仪器，都是科学理论演绎出的现象层面体现，例如温度计，纵然是我们日常生活中使用的水银温度计，它也依据了水银热胀冷缩的基本原理。实验室常用的盖革计数器，是基于科学家对于气体原子电离规律的理解。实验室用来探测带电粒子的云室，其设计原理是射出云室的高能粒子引起的离子在过饱和蒸汽中形成蒸汽的凝结中心，在离子周围会形成微小液滴，所以粒子经过的路径上就会出现一条白色的雾，实验人员通过这条白色的雾就可以判断粒子运动的轨迹，再根据粒子运动轨迹的长短、浓淡，以及在磁场中弯曲的情况，从而进一步分辨粒子的种类和性质。很显然，缺乏对液体相变理论、磁场理论等相关科学理论的了解，是无法设计出云室的。前面我们提到的一些科学史上的著名实验运用的一些科学实验仪器同样包含着复杂的科学理论，例如，在光的干涉理论提出前不可能设计出迈克尔逊干涉仪。在科学研究愈发依赖于科学实验的今天，科学仪器的设计愈发的大型化、精密化，更是离不开科学理论的支撑，“天眼”射电望远镜、高能粒子加速器等大型仪器的建造更是包含着丰富复杂的前沿科学理论原理。

最后，实验程序的设计也依赖着一定的科学理论。在图 2.7 中我们分析了实验检验的信息演化，我们检验关于事物 A 的认识的科学理论时，通常用事物 B 与事物 A 相互作用，通过对比理论演绎出的作用现象与真实实验呈现的作用现象来对关于事物 A 的科学理论进行检验。但这个实验检验的前提是我们已经有了关于事物 B 的科学认识，而这种认识通常是基于一定的科学理论。例如，在卢瑟福实验中用 α 粒子轰击金属薄膜，

---

① 李醒民：《科学事实和实验检验》，《社会科学战线》2009 年第 11 期。

这个实验程序的设计是基于对 α 粒子的属性的科学认识，是对电子荷质比的认识，只有在把握了这些科学理论的基础上，卢瑟福才可能设计出这个著名的科学实验。

所以，科学检验中的事实检验并不是纯粹的科学事实与科学理论的对比，由于科学实验中包含着科学理论预设，事实检验成为科学事实与背景理论的融合体对新建构科学理论的检验，也就是说事实检验包含了科学理论之间的对比，事实检验内含了理论检验，而理论检验显然是无法具有决定性的。迪昂就明确指出："物理实验不是否定孤立的假说，而是否定整个理论整体。"① 蒯因（W.V.O.Quine）也提出相同的论断："关于外部世界的陈述不是单个的，而是作为一个整体面对感觉经验的法庭。"②

在图 2.7 中，当理论推演出的实验现象与真实呈现的实验现象无法对应的时候，我们通常认为是理论出了问题，但实验不能告诉我们哪一部分理论出了问题。整个实验过程涉及到的理论不仅仅是需要检验的新建构理论，还包含了设计实验程序的指导理论、实验仪器被设计时采用的指导理论、关于实验材料的理论，等等，这些理论的错误都可能导致实验结果无法达到预期。科学家不能确保错误出在哪个理论里，所以科学家也不能使一个新建构出来的科学理论经受实验检验，而只能使诸多的科学理论群经受实验检验。当实验结果与科学家预期不一致时，他所能知道的是，"至少构成这个群的假设之一是不可接受的，应该加以修正；但是，实验并没有指明应该改变哪一个假设"③。

---

① P. Duhem, *The Aim and Structure of Physical Theory*, translated from the French by Philip P.Wiener, New Jersey: Princeton University Press, 1954, p.183.

② W. V. O. Quine, *Two Dogmas of Empiricicm in from a Logical Point of View*, Boston: Harvard University Press, 1953, p.41.

③ 李醒民：《科学事实和实验检验》，《社会科学战线》2009 年第 11 期。

第三章　基于信息演化的科学客观性分析

从信息演化的角度来理解科学认知行为，对于科学哲学来说是一个全新的研究视角。在信息的视角下审视科学哲学的研究，有助于进一步阐明科学哲学关注的传统问题、热点问题的关键所在，进而对解决一些科学哲学问题提供有益的思考和启发，或者有助于学界提出具有创新意义的科学哲学问题。

科学哲学的发展自逻辑经验主义以来，经历了多次热点问题的论域转移，当前科学哲学界的主流研究似乎被一种解构的后现代主义思潮全面地占领或渗透，对传统科学哲学观点的反思和批判似乎成为学界的日常工作，科学长期以来被赋予的客观性品格遭受到广泛的质疑，以理性主义为核心的科学精神在当前的科学哲学研究面前似乎所剩无几。

对于当前科学哲学研究的这种倾向，我们的基本立场是：保持一种温和的中间道路，或者更靠近或趋向传统一些。传统的科学客观性主张固然难以保证，但极端的社会建构主义或相对主义的立场是错误的，必须旗帜鲜明地反对和批判。这个基本立场，十年前李醒民教授曾明确强调过："后现代主义的诸多流派，比如非理性主义、神秘主义、方法论的无政府主义、后库恩主义、科学知识社会学强纲领、文化相对主义、社会建构主义、女性主义等，却把科学的主观性推向极端，从而走向主观主义乃至观念论。我们要立即申明：科学中的主观主义或科学主观主义的倾向是错误的，必须旗帜鲜明、坚决反对。”①

第一节　科学客观性的内涵

科学自诞生以来，客观性一直都是科学的一个重要品格，是区分科学与非科学的一个重要标准。然而，自库恩以来，科学哲学的研究不断揭示科学认识过程中的主观性因素，社会、政治、经济、历史、文化和心理的因素在科学认识过程中似乎随处可见。在承认科学认识具有主观性的同时继续维护科学的客观性品格，首先需要做的工作就是对科学客观性的内涵进行重新审视。

一、对科学客观性不同维度的解读

对于科学客观性的认识，科学哲学界也有多种维度的版本。罗栋在《科学客观性的分类学研究》一文中总结了 11 种对于科学客观性的不同维度解读：

（1）客观的世界或实在，或者物理的客观性；

（2）世界或物理对象具有某些客观的本质、理念、属性或物理结构；

（3）客观的描述意味着与事实或被描述对象相符，或者客观的模型如实地表征了物理世界；

① 李醒民：《必要的张力：在科学的客观性和主观性之间》，《社会科学战线》2009 年第 3 期。

（4）以客观的机制来获取知识，比如研究过程不受特殊利益的驱动或不受研究者个人偏好的影响等，或者通过不带主观因素的特定机制或程序获得的研究结果是客观的；

（5）价值分离（detached），价值无涉（free）或价值中立（neutral）的描述是客观的；

（6）科学理论的客观性意味着理论能够被主体间性地验证；

（7）客观的研究结果应该能够被重复验证；

（8）某一科学陈述是否具有客观性取决于特定的社会群体，比如学术共同体、性别、社会阶级等（例如库恩的相对主义科学观，女性主义的科学客观性观点等）；

（9）客观的描述是视角无关的，或者视角分离的；

（10）无源之见或本然的观点（the view from no-where）；

（11）数学知识是完全客观的。①

上述对科学客观性进行的 11 种分类看似丰富，实则并不是从本质上去把握科学客观性的内涵，而是将对科学客观性的片断式的认识进行了简单的罗列，这无助于我们正确认识科学客观性的本质内涵。

首先，第 8 点是对科学客观性的相对主义解读，本质上是对科学客观性的解构。第一点和第二点对科学客观性的认识应该归为世界的客观性，即认识对象的客观性。认识对象的客观性虽然是科学客观性的前提——认识对象的非客观不可能带来认识过程和认识结果的客观，但毕竟不等于科学客观性。科学作为一种认识活动，主要强调的还是主体如何通达客体，强调的是认识结果即科学理论与认识对象的匹配。所以，科学客观性的内

① 罗栋：《科学客观性的分类学研究》，《自然辩证法研究》2017 年第 11 期。

涵应该主要涵盖认识过程的客观性和认识结果的客观性。

第 4—7 点以及第 9—11 点所讨论的客观性是科学认识过程客观性的要求。其中第 4 点、第 5 点、第 9 点、第 10 点强调的是在科学认识活动中应该摒弃主观性，做到认识的非偏见性。第 6 点和第 7 点是保证科学认识非主观性、非偏见性的科学手段或机制。第 11 点对数学知识的讨论，则是强调科学认识的工具应该具有客观性。

上述 11 种对科学客观性的描述，只有第 3 点是强调认识结果的客观性。我们认为讨论科学客观性的本质内涵应该将落脚点放在认识结果，即科学理论之上，科学认识过程的客观性归根结底是为了保证认识结果的客观性。我们在谈论科学是否具有客观性的时候，本质上还是在谈论我们的科学理论是否能够真实地去把握、理解我们所认识的世界。科学作为一种人类文明形式，是人类矢志不渝地对于把握、理解世界的追求。退一步讲，纵然科学认识的过程，也就是科学理论的建构过程，是非客观的，只要科学家建构出的科学理论能够帮助我们去把握、理解我们所身处其中的世界，为什么不能赋予科学以客观性品格呢？当然，这个设想是很难实现的，因为科学理论的客观性必然是需要科学认识过程的客观性来保障的。翻转刚才这个设想的逻辑顺序，纵然科学的认识过程能够确保绝对的客观性，如果形成的科学理论无法达到对客观世界的正确把握和理解，那恐怕科学的客观性也无从谈起。所以，我们理解科学的客观性，应该主要从科学理论能否通达客观世界的角度来把握，即科学的客观性应该主要强调科学理论的客观性。

二、科学客观性的传统内涵

事实上，长期以来学界主流也是如此来理解科学的客观性的。科学的客观性在实证主义那里主要被理解为科学理论对自然的镜像式反映，这种镜像式反映由科学的实验程序、数学描述等普遍方法来保证。逻辑经验主义同时强调经验和逻辑对于科学客观性的重要意义，认为科学认识活动以可确证的经验为出发点，通过中立的观察、实验，并经过逻辑推导，可以获得与自然本来面目相一致的知识，因为这个过程排除了任何人为的主观因素。可检验的、无偏见的观察保障了科学命题的真理性，而逻辑则保障了思维的真理性，这样一来，源于单纯的、无偏见的观察，并建立于清晰明确证据之上的知识便是对外部自然的精确反映，是客观的知识。内格尔（T.Nagel）对科学客观性的表述能够准确反映实证主义的这一观点，“一种理解形式可达到的主观类型范围越广，对特定的主观能力的依靠越小，就越客观”，它关涉到“对我们自己、对世界以及对我们与世界的相互关系的更不偏不倚的理解”①。在实证主义看来，科学理论是关于客观事物本身的知识，是力图脱离人类背景的方式而获得的一种知识。

所以，尽管也存在一些对于科学客观性的不同理解，但是大多数科学哲学家会认同实证主义对于科学客观性的解读：排除了主观因素的科学认识过程，确保了科学理论对于自然的符合。例如李醒民教授提到科学客观性意味着“科学理论的客观性附属于实在或客体而不是认识主体，采用客观的方法或程序才能达到……与实在或经验符合的、具有真理性的知识和理论”②。

---

① T.Alessandra, *An Introduction of Feminist Epistemologies,* Massachusetts: Blackwell Publishers Inc, 1999, p.163.

② 李醒民：《科学论：科学的三维世界（上卷）》，中国人民大学出版社2010年版，第394页。

三、科学客观性内涵的信息运动诠释

科学客观性的内涵可以通过分析科学活动的信息运动模式来得以清晰阐释。图 3.1 是申农提出的通信系统模型，它表征了一次通信过程的完整信息运动机制。信源是信息的发送者，即通信过程中信息流通的起点。信宿是信息的接收者，即通信过程中信息流通的终点。信道是信息从信源传送给信宿的中介通道，广义地讲，两个物体之间直接彼此接触、碰撞而相互传递信息也属于通信行为，但信息论不研究这种通信。在信息论考察的范围内，信息不能直接从信源传给信宿，必须通过一定的中介通道，通信就是把信源发出的信息通过信道传送到信宿。在信息论所研究的通信活动中，信源与信道、信道与信宿都不是直接耦合的，信源发出的信号不能直接在信道中传送，信道输出的信号也不能为信宿直接接收，都必须通过中介环节的变换。把信源与信道耦合起来的中介环节叫编码器，信源信号通过编码器获得可以在信道中传送的形式。把信道与信宿耦合起来的中介环节叫译码器，信道输出的信号通过译码器获得可以被信宿接收的形式。噪声指的是通信过程中除了预定要传送的信号之外的一切其他信号。

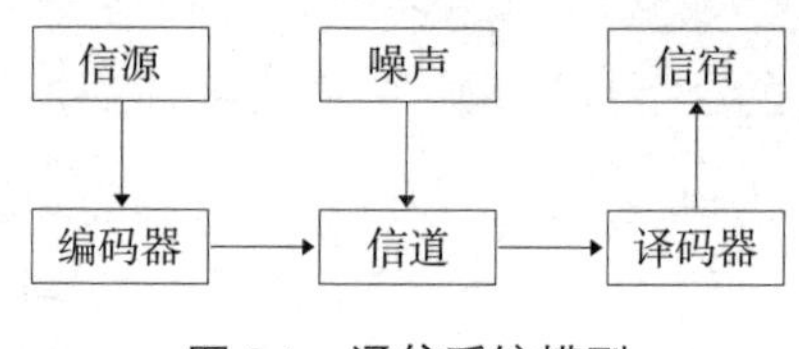

图 3.1　通信系统模型

科学认识活动可以被视为一个完整的通信过程，信源在科学认识活动中对应本体论信息中的本源信息，信宿自然是主体，通信的目的就是主体达到对于自然界本源信息的把握和理解，即通过科学认识活动形成的认识论信息——科学理论，能够通达作为信源的本源信息。科学认识过程中的信道指的是本体论信息进入主体转化为认识论信息的途径，例如光信号、声音信号等进入主体的途径。科学认识过程中的编码过程指的是本体论信息范畴的信息演化，这个演化机制在第二章进行了详细分析，图 2.1 阐释了本源信息通过天然的或者人工的反映方式呈现到现象层次（存在信息）的演化过程。译码过程则指的是主体通过对感官系统接收到的经验现象（语法信息）进行分析，建构科学理论来揭示本源信息的过程。噪声则对应本体论意义上的现象信息转化为认识论意义上的经验信息过程中受到的一些干扰。

通过解读科学认识活动的通信过程，能够更为清晰地理解科学的客观性内涵。通信的最终目的是信宿对于信源信息的准确把握，其客观性的评价在于信宿收到的信息与信源信息的匹配程度。至于通信过程各个环节的要求，都是为这个最终目的服务的，其本身的各种要求并不构成通信的最终目的。科学的客观性评价也应如此，即通过主体得到的科学理论与客观世界的匹配程度来评价，我们对科学认识过程中的各种要求都是为这个目的服务，过程中的各种要求自身不能构成最终的客观性评价。

在这种对科学认识过程的通信系统理论解读方式下，科学客观性的可能与否，就关涉到了科学实在论与反实在论的经典争论。也就是说，如此一来科学的客观性就与科学实在论的立场捆绑起来了。科学理论只有对应真实的自然，科学才具有客观性，否则将不具有客观性。

四、反实在论立场的科学客观性分析

若站在反实在论的立场上分析科学的客观性问题，则科学的客观性就不存在可能性的问题。因为前面我们已经分析了科学客观性的可能性应该重点关切科学理论与研究对象的匹配。反实在论与科学实在论在对科学研究对象的认识上是存在偏差的，科学实在论认为科学的目的是把握现象背后客观实在的性态；而反实在论认为这个目的是无法达到的，科学只能达到对经验的匹配，即范·弗拉森所强调的“经验适当性（empirical adequacy）”。

若科学追求的认识目标仅仅局限于经验适当性，那么科学的客观性问题就很容易可以得到保证。因为只要从结果对应目标的角度来理解科学客观性，绝大多数科学理论都是能够满足这一要求的，包括那些已经被推翻的理论。按照“非充分决定性”命题，一组现象可以有多个理论与之相匹配，那么一组现象就可以对应多个具有客观性的理论。这种工具主义意义上的科学客观性必然可以包含丰富的主观性，因为一组现象不必然导致一个理论，不具有唯一性的科学理论就为主体的主观选择留下了广阔空间。这是一种将主观性与客观性统一起来的科学客观性理解：现象的客观性约束了科学理论的客观性，即科学理论必须要匹配现象；多种科学理论可以并存的可选择性又为主观性提供了无限可能。

站在反实在论的立场上，我们对于科学认识的通信系统的理解就不同于上述的分析。以经验适当性为科学认识的目标，那么科学认识通信系统中的信源就不再是现象背后的本源信息，而是现象以及现象之间的关系，即存在信息。在这种通信系统中，编码环节似乎对应现象层面普遍关系的诸多具体呈现，译码环节似乎就是主体从诸多个性案例中揭示其普遍关系。总之，科学的活动、目标停留于现象和经验的层面。

很显然，通常情况下学界对科学客观性的分析不是在反实在论立场上进行的，李醒民教授提到的诸多后现代主义流派，如非理性主义、神秘主义、方法论的无政府主义、后库恩主义、科学知识社会学强纲领、文化相对主义、社会建构主义、女性主义等对科学客观性的解构也都是预设了科学实在论意义下的科学客观性。若是在反实在论立场下来理解科学的客观性，那后现代主义的这些流派对科学客观性的解构也就无从说起了，因为似乎还没有哪个哲学流派会否认科学具有经验适当性。所以，我们在本章内容中无论是分析后现代主义对科学客观性的解构，还是从历时性的视角对科学客观性进行维护，都是基于科学实在论意义上的科学客观性进行的。

第二节　社会建构主义对科学客观性的解构

应该说科学哲学界对科学客观性的反思和批判是从库恩发表《科学革命的结构》开始的，库恩在书中提到的“范式”、“科学共同体”、“不可通约性”等概念，为科学哲学研究关注科学活动中的主观性打开了大门。自此之后，科学活动中的各种各样异质的主观因素如同被打开的潘多拉魔盒一般被不断揭示，科学似乎再无力维护其客观性的品格。在各种解构科学客观性的哲学流派中，社会建构主义带来的冲击是最大的，也是最有代表性的。科学哲学中的社会建构主义是一个广义的哲学流派，事实上它可以区分为强社会建构主义和弱社会建构主义，强社会建构主义以科学知识社会学为主，强调社会因素是科学活动的决定性因素；弱社会建构主义以科学实践哲学为主，否认科学活动存在决定性因素，认为社会和自然平等地参与了科学实践过程，强调一种纯粹偶然性的无中心主义立场。

一、科学知识社会学对科学客观性的解构

科学知识社会学（SSK，Sociology of Scientific Knowledge 的缩写）指的是 20 世纪 70 年代中叶崛起的爱丁堡学派，大卫·布鲁尔（D.Bloor）

和巴里·巴恩斯（B.Barnes）是最主要的代表人物。科学知识社会学的理论核心是大卫·布鲁尔在其名著《知识和社会意象》中提出的“强纲领”（strong programs），强纲领主张对科学理论的成因进行社会学说明，这无疑是对传统理性主义的极大颠覆，如此一来，科学的客观性、普遍性、确定性、精确性、可重复性都一一被解构。

要了解科学知识社会学的主要观点，就必须对强纲领进行准确理解。大卫·布鲁尔的强纲领主要包含四点：“1. 应当从因果关系角度涉及那些导致信念（beliefs）和知识状态的条件（因果性）；2. 应当客观公正地对待真理和谬误、合理性和不合理性、成功和失败（无偏见性）；3. 应当用同一些原因类型既说明真实的信念，也说明虚假的信念（对称性）；4. 应当可以把一种学说的各种说明模式运用于它自身（反身性）。”①

概括科学知识社会学的强纲领主张，就是科学知识出于一定的社会建构过程中的信念，这些信念都是相对的、由社会决定的，都是处于一定的社会情境之中的人们进行协商的结果。因此，“处于不同时代、不同社会群体、不同民族之中的人们，会基于不同的‘社会意象’而形成不同的信念，因而拥有不同的知识。”②总之，在科学知识的形成过程中，社会因素，而非自然因素，是起到决定性作用的因素。

在科学知识社会学视野下，科学认识活动在其起点之处就充满了社会因素。“观察渗透理论”命题为社会、政治、经济等外部因素进入科学事实陈述提供了合法性，强调“什么都行”的无政府主义者费耶阿本德（P.Feyerabend）在其名著《反对方法》中对伽利略使用望远镜的案例进

① D.Bloor, *Knowledge and Social Imagery,* Chicago: The University of Chicago Press, 1991, p.7.

② 大卫·布鲁尔：《知识和社会意象》，艾彦译，东方出版社 2001 年版，“译者前言”第 6 页。

行了考察，他的结论是伽利略的望远镜并没有像通常的科学史书籍所描述的那样提供了让人信服的观察内容，伽利略之所以取得胜利，是因为非理性的科学之外的原因：他的风格和机智的说服技巧；他用意大利文而不是拉丁文写作；以及他向之求助的人在气质上都反对旧思想和与之相关联的学术准则。① 费耶阿本德突出了伽利略在望远镜使用中运用的说服技巧，费耶阿本德的这种研究视角被其后的科学知识社会学所继承，"每一种科学仪器，无论多么简单，都会遇到伽利略的望远镜最初所遇到的那种批评——伽利略所说的通过望远镜所看到的奇特天体，在天宇中实际上并不存在，只不过是这个仪器本身产生出来的。"② 另外，对于科学事实的选取，也并非依赖于研究结果所固有的有用性或"真理性"，而是依赖于"能否成功地在不同的群体之间建立某种关系结构——这些群体通过相互定义而被征召、被确立起来。"③

科学知识社会学关注最多的还是实验室的知识建构过程，所以他们进行了大量的田野式的调查研究，形成了诸多的针对具体实验室活动的案例研究。例如，著名的社会建构论学者布鲁诺·拉图尔（B.Latour）受诺贝尔奖获得者罗歇·吉耶曼（R.Guillemin）的邀请，从 1975 年开始花了两年的时间在位于圣地亚哥的萨尔克研究所（Salk Institute for Biological Studies）观察科学家们是如何进行实验室的日常工作的。1979 年拉图尔和伍尔伽（S.Woolgar）合著的《实验室生活：科学事实的建构过程》出版，在书中他们提出科学家们不仅仅是在发现事实，而是在让人信服并说服其

① 保罗·法伊尔阿本德：《反对方法：无政府主义知识论纲要》，周昌忠译，上海译文出版社 2007 年版，第 120 页。

② 齐曼：《元科学导论》，刘珺珺等译，湖南人民出版社 1988 年版，第 30—31 页。

③ 希拉·贾撒诺夫：《科学技术论手册》，盛晓明等译，北京理工大学出版社 2004 年版，第 123 页。

他人，当他们为一些不确定的数据争论时，他们总会预设这样的情形：他们是在为事实代言；然而，一旦他们的命题变成无可争辩的陈述和同行间评审的论文，也就是拉图尔所谓的“现成科学”（readymadescience），他们又声称是这些事实本身在为自己说话。也就是说，只有当科学界将一些事实作为真理而承认，它背后的那些社会因素才会被抹去，用拉图尔的话讲，这些过程被装在了一个充满未知的黑匣子中。“当一个陈述很快被借用、应用和重新应用时，人们很快就达到不再是争论对象的阶段。在这样的布朗运动的环境里，一个事实就构成了。这样的事件相对来说罕见；但当它出现时，陈述融入科学知识的宝库，它对研究人员日常活动的关心就销声匿迹了。事实被编入大学教科书，或成为一部新仪器的雏形。”①

在科学知识社会学看来，科学认识活动是一种社会建构，而不是什么理性的描述，是由决定（decision）和商谈（negotiation）构成的链条。在实验室中，科学知识的建构过程充满了各种各样异质的语境偶然性，具有当地的特质，例如，科学家对实验室的选择，包括决定标准的选择与转换，会随着研究境况的不同而变化。诺尔-塞蒂纳（K. D. Knorr-Cetina）认为，正是因为科学活动中存在着语境性的不确定因素，才有了科学研究的多样性和复杂性，才有了标准的转换与选择，才导致创新。在实验室建构知识的过程中，话语互动、商谈以及权力有十分重要的作用，利益融合与利益分裂支配着资源关系，通过资源关系维持了可变的超科学领域，形成了某种以权力游戏为核心的社会关系之网。实验室中知识的生产就是在这种社会关系之网中进行的。所以，科学活动不仅是主体与自然的互动，在这个过程中社会的力量深深地介入，作为科学活动结果的科学理论的客观性也

① 布鲁诺·拉图尔：《实验室生活：科学事实的建构过程》，刁小英译，东方出版社 2004 年版，第 75 页。

就无从谈起，科学理论不再是对自然的“发现”，而是作为一种文化而存在。

诺尔-塞蒂纳深入地考察了科学实验室的运行机制，提出实验室是一个“强化了的”环境，它“改进”了自然的秩序。这种“改进”依赖于自然对象的可塑性。实验室研究的现象通常并不是自然界真实存在的现象，不是“那些‘事实上就如此’的固定的实体”①，而是自然界真实现象的视觉、听觉或者电子等效果——也就是说本体论意义上的存在信息不等于认识论意义上的语法信息，尽管它们具有对应的映射关系；实验室的自然也可能是真实自然的某些成分、精华或“纯化”了的形态，例如实验室可以创造出羽毛在真空中自由落体的现象。自然对象的时间尺度服从于社会的时间尺度，也就是说实验室研究活动的组织和技术可以缩短或者延长真实自然现象发生的时间尺度。诺尔-塞蒂纳认为，实验室的科学活动至少可以无视真实自然对象的三个方面的特征：第一，它可以无视对象事实上是什么，实验室的科学活动可以替换掉那些缺乏文字性或语境性的对象；第二，它可以无视真实自然对象在什么地方，实验室的科学活动可以将对象带回实验室并“以自己的方式”来操作它们；第三，它可以无视真实自然事件何时发生，实验室的科学活动不需要等待事件出现的自然周期，为了持续的研究活动，它可以使这些事件经常出现。

通过对实验室运行机制的考察，诺尔-塞蒂纳认为科学知识是被“制造”出来的，而不是什么对真实自然的“发现”。她指出，在科学知识的制造过程中，几乎所有的东西都是可以磋商的。事实上，实验结果往往是不透明的、晦涩和含混不清的，一般来说需要做进一步的解释和实验。这种不确定性和“解释的可塑性”就为磋商的开启提供了可能，参与磋商的

① 希拉·贾撒诺夫：《科学技术论手册》，盛晓明等译，北京理工大学出版社2004年版，第112页。

群体包括科学家群体，包括提供资金支持的机构、仪器和材料供应商、顾客、议会和科学行政部门，也就是说技术的、社会的、经济的和政治的群体都参与了科学发展的界定。“磋商”这个概念非常准确地突出了科学活动过程中的社会特征，“科学只不过是一种伪装的政治学”：权力精英的意识形态议程深刻和重要地影响着科学研究的结果。在这种情况下，很显然对具有客观性的科学知识的追求就是一种唐吉诃德式的幻想，这样一来，评价科学成果的最好方式就是质问：如果某一论断被认为是真的，那么说话者代表了谁的利益。这样，对大众来说，关键问题不是科学的结果是否经受了很好的检验，而是它代表了谁的利益。

传统的科学哲学观念中实验的可重复性是保证科学客观性的重要手段，但是科学知识社会学对实验室中“磋商”机制的揭示，使得实验的可重复性也受到了质疑，这其中最具有代表性的无疑是柯林斯（H.Collins）提出的“实验者回归”（experimenters’egress）思想。所谓实验者回归，指的是，实验者得出的好的结果是那种通过好的，也就是说功能适当的实验仪器获得的。而好的实验仪器只不过是那种可以得出好的结果的仪器。柯林斯考察了 1970 年美国物理学家韦伯（J.Weber）的引力波实验，他发现这个科学实验存在着某种论证循环：科学家要探测引力波，需要首先确定引力波是否存在；要确定引力波是否存在，就需要确定实验操作程序是否适当；要确定实验操作程序是否适当，就需要确定实验是否得到了正确的结果；而实验结果是否正确，又取决于引力波是否存在。① 这种循环论证让柯林斯相信，并不存在一种正式的标准，使人们可以用它来评价一台实验仪器是否能适当地运作。按照柯林斯的观点，这种实验者回归最终因一定的科学共

① Cf. H.Collins, *Changing Order,* Chicago and London: The University of Chicago Press, 1992, p.84.

同体的协商而结束，所谓科学进步不是由被我们称为认识论标准或理性判断来推动，而是诸如专业、社交活动和科学家的认识兴趣等因素，“实验不能摆脱观察与理论的‘恶性循环’，实验过程无法还原为可证的逻辑计算，对实验过程的重复也只不过是实验者同仪器‘协商’的结果”①。对实验可重复性的挑战，使得社会维度的“磋商”决定了什么样的实验以及结果是好的，科学知识的客观性成为一种基于社会磋商的主体间性。

科学论文的撰写和发表也充斥着社会的因素。在诺尔-塞蒂纳看来，发表的论文即作为终稿的论文往往掩饰了文学意图，掩饰了作者与其他人之间进行的商谈，掩饰了权力的干预。科学家在科学研究中面对一些决定或选择时，会把他们的决定和选择与所期待的“实证者”共同体特定成员的反应联系起来，或者与他们想在其中发表论文的期刊的规定联系起来，“决定基于哪些是‘最新的’与哪些是‘过时的’东西，基于一个人‘能’做什么或‘不能’做什么，基于他们遇到的反对者以及通过提出某一特定观点而不得不与之联系的那些人”②。

在科学知识社会学看来，社会因素渗透于科学活动的方方面面，从头至尾，无处不在。从科学事实的获取、选择，一直到科学家撰写完成学术论文，都是社会的建构，而非遵循逻辑的理性。“那种我们称之为一组复杂事业的科学的任何一个方面，包括其中最重要的内容和结果，只能根据其地域的历史和文化的语境来塑造和理解。”③尤其是作为科学活动的产品，即科学理论更是必须始终被视为是一种社会建构，其所谓的匹配真实

① 郭贵春：《走向 21 世纪的科学哲学》，山西科学技术出版社 2000 年版，第 419 页。

② 卡林·诺尔-塞蒂纳：《制造知识——建构主义与科学的与境性》，王善博译，东方出版社 2001 年版，第 13 页。

③ 诺里塔·克瑞杰：《沙滩上的房子——后现代主义者的科学神话曝光》，蔡仲译，南京大学出版社 2003 年版，第 16 页。

实在的客观性，只能依赖于专家之间的默契。在科学知识社会学眼中，科学知识不过是“众多故事”中的一种，在一个特定的社会中，科学在认识论上的权威越高，揭露其作为追求客观知识事业的假象的工作就越显其重要性。科学必须是“卑微的”。作为科学活动结果的科学理论的客观性是一种社会建构，而传统上我们认为保障科学理论客观性的科学过程的客观性也无从谈起，正如柯林斯所言：“自然在科学知识的建构过程中有着很小的或根本不存在任何作用。”① 拉图尔和伍尔伽也断言：“实在是所谓‘事实的社会建构’的结果，而不是原因。”② 当然，这不是说科学知识社会学否认科学活动中存在真实的实在，他们只是认为“实在”或者“自然”应该被看作是一种在科学活动中不断被改写的实体，也就是说“我们的经验世界是按照人的范畴和概念组织起来的，世界是通过人类的劳动建构起来的”③。卫·布鲁尔也特别强调了这一点，“客观性是真实存在的，但是，它的本性却与人们所可能设想的东西完全不同。社会学说明所否认的是其他有关客观性的理论，而不是这种现象本身”④。

二、科学实践哲学对科学客观性的解构

科学知识社会学的强社会建构论立场引起了传统科学哲学界和科学界

① H.Collins, “Stages in the Empirical Programme of Relativism”, *Social Studies of Science*, No.11, 1981, p.3.

② B.Latour, S.Woolgar, *Laboratory Life: The Social Construction of Scientific Facts,* London: Sag, 1979, p.237.

③ 希拉·贾撒诺夫：《科学技术论手册》，盛晓明等译，北京理工大学出版社 2004 年版，第 115 页。

④ 大卫·布鲁尔：《知识和社会意象》，艾彦译，东方出版社 2001 年版，“译者前言”第 255 页。

的强烈反应，直接导致了发生于20世纪90年代的科学大战。科学大战之后，科学知识社会学中的一部分学者进行了一定程度的反思，撤退到相对温和的立场，科学实践哲学的兴起便是这种反思的结果。

1987年劳斯发表了《知识与权力——走向科学的政治哲学》一书，这与从科学知识社会学发展出来的以拉图尔、皮克林等人为代表的实践研究进路（也称后SSK）殊途同归。2006年“科学实践哲学学会”（SPSP）成立，标志着科学实践哲学的建制化迈出重要一步。当然，科学实践哲学并没有一个严格统一的解释框架，它涵盖了诸多家族相似的研究进路，包括从事实验室研究的诺尔-塞蒂纳，从事“反身性”研究的马尔凯（M.Mulkay）和吉尔伯特（N.Gilbert），从事常人方法论研究的加芬克尔（H.Garfinkel）、林奇（M.Lynch）和利文斯通（E.Livingston）等。另外，一些学者认为哈金（I.Hacking）等人开创的“新实验主义”，也和科学实践哲学有着相似的哲学倾向。

21世纪初，国内的一些专家学者比较系统地将国外科学实践哲学的思想在国内进行介绍并继续深入发展。国内科学哲学界对科学实践哲学的研究比较集中于“地方性知识”（local knowledge）的研究。吴彤在2017年主编的《科学实践与地方性知识》一书中，收集了国内具有代表性的关于地方性知识的理论研究成果，例如盛晓明、吴彤、刘兵等人的代表性论文。另外，书中也介绍了国内学界针对“地方性知识”的具体研究案例，涉及具体实验室、地方医学、地方植物学等。

对于以科学知识社会学为代表的强社会建构主义，科学实践哲学着力进行批判，认为他们是从传统科学哲学强调自然因素的一个极端走向强调社会因素的另一个极端，而科学实践哲学声称要在自然与社会之间保持对称性。他们反对任何一种“认识论”立场，而是强调实践的地位和意义，科学只能是“做”（doing）而不是别的什么东西。他们针对传统科学哲学中“理论优位”的观点进行批判，主张用一种“实践优位”的观点重新审视科学活动。在实践的视野中，科学不再是只有理论命题这种表征意义的所谓最终成果，而应该是包括概念操作在内的一系列充满偶然性的实践活动，科学的目标、规则、实验进程以及最终的物质和理论成果都是在诸多异质力量的共同作用下偶然性生成。

在科学实践哲学的视野下，无论是科学研究的对象——科学事实，还是科学研究的结果——科学理论，抑或是科学研究的主体——科学家，都成为充满偶然性的实践链条上一个环节，都是在随机的“冲撞”（mangle）中偶然生成。对于研究对象，他们反对传统科学哲学僵化的主客对立的静态反映论观点，认为主体不是对于客体静态的表征。主体和客体是一种互动的关系，主体不是被动的认识自然，而是与自然相互介入、共同演化、共同生成。作为科学研究对象的自然，是在实践中生成的对象。对于科学理论，他们否认科学理论是对固定不变的实体或者规律的表征，否认现象背后存在着稳定的本质意义上的实体或者规律。科学研究的对象和理论都是在实践中生成，科学活动中各种因素都偶然性地构成了科学的对象和理论。“其实，现象只依赖于设备，它们完全是由实验室所使用的仪器制造出来的。借助记录仪，人们可以制造出人为的实在，制造者把人为的实在说成是客观的实体。”① 拉图尔认为科学实践哲学可以避免相对主义的困境，“我们绝对没有事实（或实在）不存在的想法。这足以使我们摆脱相对主义，我们仅仅断定这种‘外在性’是科学工作的结果而不是科学工作的原因。……对实验室活动的观察证明，事实的‘客观’性本身就是实验室工作的结果。”② 拉图尔强调了科学实

① 布鲁诺·拉图尔：《实验室生活：科学事实的建构过程》，刁小英译，东方出版社 2004 年版，第 51 页。

② 布鲁诺·拉图尔：《实验室生活：科学事实的建构过程》，刁小英译，东方出版社 2004 年版，第 166 页。

践哲学关于主客消解的观点，即实在与关于实在的意识（理论）是不能够区分的，原因在于它们都是实践中建构的产物。拉图尔的名言“越建构，越实在”①正是反映了这种实践的哲学思想。对于科学家，他们已不仅仅将其局限于认识主体的地位，而是将科学家的角色扩展到社会实践者的广度。科学家不仅仅从事实验操作、理论建构，还需要申请基金，联系出版商，以及参加各种社会活动。这所有认知与非认知的活动都是科学实践的一部分，都对理论的最终结果产生影响。

认识到科学知识社会学与传统科学哲学处于社会和自然的两极，科学实践哲学出于对科学知识社会学的反思继而从科学知识社会学内部分化出来，他们明确反对自康德以来的主体—客体二分模式，由此指出科学知识社会学的对称性原理并没有对称地看待自然和社会，而是从传统科学哲学强调自然这一端转到强调社会这一端。所以拉图尔提出广义对称性原理，主张对称性地看待自然和社会，用非自然、非社会的“类客体”（quasi-objects）概念来代替传统的主体—客体模式，实验室成为制造自然和社会的场所，自然和社会相互生产、共同进化，它们之间的界线消失了。科学实践哲学充分认识到影响科学活动的多种异质性因素，并且赋予这些异质性因素以平等的地位，认为科学理论就是所有这些异质性力量博弈或者冲撞的结果。无论拉图尔的“行动者网络理论”还是皮克林的“实践的冲撞理论”都体现了去人类中心化和在实践中人类力量和非人类力量完全对称的特性。科学实践哲学用对科学的操作性语言描述取代对科学的表征性语言描述，强调科学实践的历史性和开放性，强调科学实践的一切要素都是不可逆的偶然性的历史生成。在科学实践中，科学不再存在内和外、主体

① B.Latour, *Pandora's Hope: Essays on the Reality of Science Sudies*, Cambridge Mass: Harvard University Press, 1999, p.274.

和客体、自然和社会的界线，科学事实不是一种静态的被反映，而是被主体介入后的一种偶然性呈现，科学理论也是随科学事实一起偶然性的生成。实在和理论就在这种相互影响、相互依赖、相互介入的实践中稳定下来。科学以及科学的稳定性就是致力于物质世界和智力世界的结合。

拉图尔在其《科学在行动》中对传统科学哲学和科学知识社会学都提出了批判。针对传统科学哲学强调自然客体的客观性，他明确表示，“由于一个争论的解决是自然的表征的原因而不是结果，因此，我们永远不能用产物，即自然，来解释一个争论是如何解决和为什么被解决的”①。认为传统的科学哲学家们由于处于实验室的内部看待科学，所以看不到公共关系、政治、伦理问题、阶级斗争、律师等因素对于科学的反馈作用，而是看到科学孤立于社会之外。但科学之所以看上去孤立于社会之外，是因为有另一些科学家在从事着说服投资者、引发人们的兴趣的活动。同时他也反对科学知识社会学把科学知识的决定权全交给社会因素。他认为，我们不应该有超验的提前预判，而应该像追踪各种不同的角色一样，不去判定科学是由什么构成的，而是把所有参与工作的因素都列入一个表单，不管它有多长、多么杂乱无章。对于表单上面的因素，我们不去分析哪个是“社会的”，哪个是“科学的”，也不去分析哪些是“起决定性的”。拉图尔提出消解主体—客体模式，并在此基础上打破自然与社会、人与非人、物与非物的根本界线，他用“行动者”（Actors）来表示这些影响科学实践的存在，并强调要平等、对称地看待诸种异质的行动者，有多少个行动者就有多少个极。

拉图尔和布鲁尔之间有一场著名的争论，比较能够代表科学实践哲学同科学知识社会学之间的分歧所在。在布鲁尔眼中，拉图尔不是从社会的

① 布鲁诺·拉图尔：《科学在行动：怎样在社会中跟随科学家和工程师》，刘文旋、郑开译，东方出版社 2005 年版，第 166 页。

角度解释自然，也不是从自然的角度解释社会，更不是把知识解释成一种混合体。但我们又必须既解释社会也解释自然，拉图尔选择从第三种角度进行解释：社会和自然是“被共同进行创造”的。拉图尔坚持认为，事物不是“半自然、半社会的”，它们“不是主体，不是客体，也不是二者的混合”。布鲁尔认为拉图尔已经超越了先验性和独立性的假设，并且先验性和独立性是拉图尔排斥的主客体图式的一种表现形式。但是布鲁尔不认为拉图尔可以达到他想达到的形而上学基础的企图，“拉图尔逃脱不开一个先在的自然与一个先在的社会”①。拉图尔在对布鲁尔的回应中解释了其科学实践哲学的立场，他认为在科学实践哲学之前的所有认识论者都试图在词语与世界之间裂开的深渊之间做“致死一跃（salto mortale）”，但无论传统的科学哲学还是科学知识社会学都无法成功跨越，因为布鲁尔没有能理解科学家不是观察甚至也不看“外部”世界，科学家更多涉及的不是与人类无关的内容，科学实践是主客体区分不发生作用的唯一领域。科学中被比较的不是社会差别和来自感觉的中性输入，而是一些关联的长链，包括心理实体、意识形态实体、认知实体、社会实体和无知实体，沿着这些长链的每一个环节都拥有相邻环节赋予它的意义。传统认识论将主体与客体对立，致使开裂出一个无法跨越的深渊，科学实践哲学就是要弥合这个裂缝，具体做法就是消解主客区分，用“铭文（inscription）、可视化（visualization）、转换（translation）、试验（trials）、仲裁（mediation）、行为的名称（names of action）、黑箱化（black-boxing）、事物的史实性（historicity of things）等等”② 术语来表达这种实践的进路。

---

① D. Bloor, “Anti-Latour”, *Studies in History and Philosophy of Science*, No.1, 1999, pp.81–112.

② B. Latour, “DISCUSSION For David Bloor...and Beyond: A Reply to David Bloor’ ‘Anti-Latour’”, *Studies in History and Philosophy of Science,* No.1, 1999, pp.113–129.

科学实践哲学是深受海德格尔现象学影响的一种科学哲学流派，是后现代主义思潮在科学哲学中的反映。无论劳斯，还是皮克林都明确提到他们的理论与海德格尔现象学的渊源，而现象学反对寻找现象背后本质的观点也直接体现在科学实践哲学的理论之中。这在科学实践哲学的本体论立场上显现得尤为明显。皮克林称近代科学的方向反映着近代西方人一直寻求流动、变化的现象背后隐藏着的永恒规律的渴望。但皮克林明确反对这种本体论，而是认为世界不存在什么隐藏着的规律，世界展现为“一个以开放式终结方式演化的活生生的场所——一个人与物的力量和操作在真实的时间中绝对地突现的场所，一个物质的、社会的和概念的秩序在我称之为实践的冲撞（力量的舞蹈，阻抗与适应的辩证法）的过程中持续突现的场所”①。

科学实践哲学反对对于现象背后本质的寻找，这在某种程度上是向英美经验主义传统的回归。当然，科学实践哲学不像逻辑经验主义那样赋予经验基础性和客观性的地位，在科学实践哲学这里，所谓世界的现象层次已经不是与主体相孤立而对的静态世界的呈现，而是经由主体介入、与主体发生过相互作用之后的现象呈现。同时，我们的知识也不再是主体对于客体的静态反映，而同样是主客相互作用后、与经验现象同时涌现的一种实践的结果。“我们的知识与我们的世界之间的关联，是在机器操作与概念操作之间的相互作用式稳定中建造起来的。物质的世界与表征的世界的联合，支撑起特定的事实和理论，并且给予这种事实和理论以精致的形式。”②然而，如果把世界与知识都视为实践过程中处于永恒流变状态的存

① 安德鲁·皮克林:《实践的冲撞》，邢冬梅译，南京大学出版社 2004 年版，“中文版序”第 3 页。

② 安德鲁·皮克林:《实践的冲撞》，邢冬梅译，南京大学出版社 2004 年版，第 217 页。

在，那么科学实在论对于不可观察的理论实体的论证就将失去理论基础，而与经验主义相对的理性主义也被视为虚幻的东西被彻底地抛弃。

科学实践哲学这种用实践消解自然与社会、主体与客体、科学与技术的做法，是对科学内外问题进行彻底消解的后现代主义立场。消解了自然与社会、主体与客体的界线，那么我们对于科学进行内部逻辑因素和外部社会、心理等因素的分析将失去意义；消解了科学与技术的界线，那么科学将不再具有反映特征的知识形式，科学将被视为一种操作，而不是一种说明，科学与其他社会实践的区别将不复存在。这样一来，传统意义上的所有二分的概念都在实践的意义上被解构、消解。“过去、现在与未来之间的链接只能由冲撞来具体化，而绝不会是任何其他东西。在这个意义上，冲撞的相对主义是超相对主义（hyperrelativism）。它是比我们所讨论的任何其他相对主义更为狂野的相对主义，因为，在理解文化扩展的问题上，它没有提供给我们任何实体性关系：不是社会利益、不是社会结构、不是格式塔、不是变化时间的规训、不是认识论规训，也不是形而上学。”①

我们说科学实践哲学是一种“反认识论”的态度，他们认为无论持何种认识论都是一种“理论优位”的思想，都是预设了主体与客体的二分，都是将世界与在世界中活动的我们人为地分离的做法。而科学实践哲学明确反对任何意义上的二分做法，他们强调科学知识与产生科学知识的实践情境无法分离，社会与自然相互作用、相互介入、共同生成从而也无法分离。这样一来，科学实践哲学就采取了一种“不分不离”的消解一切“认识论”的立场。然而我们还是将科学实践哲学的观点视为一种基于实践的

① 安德鲁·皮克林：《实践的冲撞》，邢冬梅译，南京大学出版社2004年版，第239页。

认识论进路，这是因为实践是一个认识论概念，只是它是一个与纯粹的概念和理论相对的概念。从马克思主义哲学角度来看，实践具有客观现实性、自觉能动性、社会历史性以及系统性。实践既是主体和客体对立的基础，也是双方联系起来的桥梁。由此也可以看出科学实践哲学只是强调了主客双方在实践中相互联系的一面，而未能进一步深入分析二者在实践中对立的另一面。

一旦主体与客体、社会与自然无法区分，那么科学哲学中一些争论的问题就被消解，比如科学实在论与反实在论的争论。既然科学实践哲学彻底摈弃了理论与自然之间的表征意义，将一切都在实践的意义上分析和理解，那么科学实在论与反实在论争论的起点就不复存在。因为科学实在论与反实在论争论的核心就在于理论实体与客观自然之间的关系问题，科学实践哲学直接消解了理论与自然的区分，那么关于二者之间关系的争论自然也就成为无根之木、无源之水。皮克林对此点有过明确表述："冲撞意义上的实在论关注机器操作和表征链以及在时间演化中操作和表征链如何彼此联合；传统哲学的实在论则驻留于知识和世界本身之间的无时间演化的反映关系。为表明这种不同，我称冲撞意义上的实在论为实用主义的实在论。通过为科学知识如何与我们的世界发生关联提供其自身独有的答案，冲撞在起点上就窒息了探寻反映论问题的任何冲动。"①

另外，在"不分不离"的认识论观点下，"不可通约性"的概念将重新诠释。最先提出不可通约性的库恩是在基于不同范式下两个理论格式塔转换的意义上来阐释这个概念的。而随着新实验主义的发展，哈金等人认为，不可通约性不应该仅仅局限于理论范围，实验仪器的不可通约才是更

① 安德鲁·皮克林:《实践的冲撞》，邢冬梅译，南京大学出版社 2004 年版，第 28 页。

为基本的哲学分析。而科学实践哲学则完全突破了科学与技术的区分，不再将科学与生产科学的技术语境进行区分。这种哲学主张当然很大程度上是源于海德格尔现象学的影响，伊德（D.Ihde）对于技术科学的说明就明显有着很强的海氏烙印，"当代科学是物质化的、技术化的和具身（embodiment）的。这就是技术科学[①]的一种含义。"[②]这样一来，不可通约性便不再指理论或者仪器具体某个方面的哲学概念，而指的是与科学实践相关的包括理论、仪器、实验技术、社会关系等所有异质要素在内构成的复杂结构共同体的不可通约性。

科学实践哲学对于科学实践语境的强调，从方法论的意义上，超越了传统的科学哲学只从理论与世界之间的关系来阐述问题的局限性，突出了科学、自然与实践语境不可割裂的联系，揭示了科学哲学的研究不能脱离开社会、政治、经济、文化、心理、技术等多元因素而仅仅限于科学理论的分析，有助于我们更合理地理解科学理论的成功和科学理论的演化过程。

无论是相对宽泛的科学实践哲学研究，还是更为聚焦的地方性知识研究，其研究的核心都是关注具体的科学实践，考察科学活动中的各种情境，强调无论科学事实还是科学理论都是在诸多异质情境中偶然地生成，所以科学具有情境性特征。基于科学活动中的各种主观性情境，科学实践哲学解构了科学的客观性品格。

三、对传统科学客观性观念的反思

科学自 19 世纪以来，特别是进入 20 世纪，取得了一系列令人叹服的

① 此处的技术科学就是拉图尔定义的"技科学"，造成不同的原因在于不同译者采取了不同的译法。

② 唐·伊德：《让事物"说话"》，韩连庆译，北京大学出版社 2008 年版，第 53 页。

成就，其展现出的巨大威力也让人们印象深刻。人们开始把科学以及科学家共同体视为一种偶像，并因此而形成一种关于科学的传统观点，即传统的科学观。人们无批判地赞美科学，将科学与“确定性”、“真理性”、“客观性”等概念联系在一起。这种科学主义的观点在科学哲学中就体现为一种僵化的“又分又离”的认识论立场。但是这种认识论立场不仅无法成立，而且是有害的，可能会成为科学发展的阻碍力量。

（一）传统科学客观性观念“又分又离”的认识论立场

传统科学客观性观念首先是一种主体和客体既区分又隔离的“又分又离”立场。早在17世纪，主体与客体关系已成为认识论研究的中心，笛卡尔明确将主体自我意识与客观现实世界相对立，并将它作为分析认识特别是论证可靠知识的出发点。

传统的认识论坚持一种严格主客二分的立场，将客体视为与主体截然相对的存在，具有绝对的独立性，主体只能站在客体的对面静态地描述、说明和反映。在这种认识论中，主观世界与客观世界是完全隔绝的状态，二者只是一种描述与被描述、说明与被说明、反映与被反映的关系。

与这种传统认识论相伴的是符合论的真理观。早在古希腊时期，亚里士多德就曾提出：“命题或判断是对客观事物的性质、状态或关系等的描述或陈述，命题或判断的真假取决于它们是否如实地描写或陈述客观事实的性质、状态或关系等，真理就是命题与世界上有关事态之间的符合关系。”[①]洛克继承了亚里士多德的思想，认为标示事物的词结合成命题，若它们的结合方式与外部世界中事物的结合方式相符合，说明这一个命题是真的，否则便是假的。前期维特根斯坦从他的逻辑原子论和图像论出发对

① 冯契：《哲学大辞典》，上海辞书出版社2007年版，第1854页。

这种真理论进行了论证，认为："在命题和事实、基本命题和事态、名称和对象之间存在着严格的一一对应关系。命题的真假或者取决于命题与它所描述的事实之间是否存在着符合关系，或者取决于命题是否成为它所描述的事实的图像。"① 这种真理观的符合论预设了如下的主张：自然界的性质自行存在，不会受到主体观察者的偏好或目的的左右，然而这些性质却可以或多或少地被如实反映出来。这种真理观并不是否认自然界的变化和运动，而是强调自然界总是存在着基本的、不变的、一致的东西，并且这种东西可以被主体如其所是地描述、说明和反映。

传统科学客观性观念还造成科学活动内部因素和外部因素的既区分又隔离，即科学内部与外部的"又分又离"立场。

传统认识论还预设了观察经验的绝对客观性、实验检验的绝对有效性，以及学术规范对于科学共同体约束的绝对有效性。

逻辑经验主义曾提出一种"中性观察说"。这种关于观察的学说源于F.根的"纯观察说"，他认为科学认识由感觉开始（包括观察和实验），从中概括出概念，组成科学判断和推理，得出定律，再概括出理论以致原理。F.根断言：理论依赖于观察，而观察却独立于理论，不受理论的制约，是绝对可靠的。逻辑经验主义对"纯观察说"进行了发展，将科学知识的结构分为观察层次和理论层次，与这两个层次相对应的科学语言也区分为观察语言和理论语言，认为观察语言不依赖于理论语言，对理论语言保持中立，然而理论语言则需要依赖于观察语言，通过对应规则从观察语言中获得意义。于是F.根的"纯观察说"被逻辑经验主义发展为"中性观察说"。逻辑经验主义承认观察为理论提供经验基础和检验理论的作用，强调观察的客观性，主张观察主体应该排除主观因素无偏见地进行观察，但它认为

① 冯契：《哲学大辞典》，上海辞书出版社2007年版，第1854页。

观察独立于理论，不受理论的指导或者影响，则忽视了观察主体的背景理论对观察活动可能存在的影响。

逻辑经验主义之所以强调经验的基础性地位，强调科学可以还原到观察经验而得到统一，致力于将一切不可观察的形而上学从科学中剔除，其中一个重要原因在于他们对于观察经验有效性的信赖。他们认为科学知识的有效性可以通过观察经验的客观性以及实验检验的有效性来得以保证。科学知识的事实基础具有高度可信性，是因为科学中具有严格的操作标准，通过实验程序等严格的操作标准，可以对经验性知识作出评价，也能保证经验现象得到如实的反映。

当然，逻辑经验主义对于观察的客观性和实验检验的有效性的强调预设了观察主体或者实验操作者绝对地遵从科学学术规范的前提。科学共同体被认为必须遵从某种公认的学术上的规范结构。比如按照默顿提出的科学制度的四种规范，科学家们被要求通过非私人的、先定的标准来评判知识的主张。而且因为科学被认为具有某种特殊的认识论地位，"只有科学家能够在以一种没有偏见、没有成见和理性的价值观来对自然进行研究时，才能获得这种事实。这些价值观被科学家用这些术语描述，如独立性、情感自律、无偏见、客观性、批判性态度等等"①。正是因为科学知识的形成过程满足了一些非私人的、适当的专业标准，所以才使得它可以区别于一些主观性的东西，比如个人偏见、情感介入和私人利益等，这使得科学知识得以成为一种具有权威性和可信赖的知识。

传统认识论无论是对观察经验的客观性、实验检验的有效性的主张，还是强调科学共同体完全遵守一种非私人的、适当的专业规范标准。这些

---

① 迈克尔·马尔凯：《科学与知识社会学》，林聚任等译，东方出版社 2001 年版，第 155 页。

都体现了它将科学内部因素与外部因素完全割裂开来的做法。在这种认识论中，科学是一个封闭的系统，外界的社会、政治、经济、历史、文化和心理等因素无法对于科学知识的形成构成影响，对于科学的哲学分析无须分析科学知识形成过程中的具体情境，那些受到外部因素影响的科学都属于“坏”的科学，应该尽量把外部因素对于科学的影响降到最低。

传统认识论是一种“又分又离”的认识论态度。在区分认识主体与认识客体、科学内部与外部的同时，又将它们置于完全隔离的境地。由于否认主体与客体、科学内部与外部相互之间存在着丰富的相互作用机制，所以传统认识论是一种僵硬的、静态的认识论立场。这种立场受到后继科学哲学研究的不断反思和批判。

（二）传统的科学客观性观念是科学发展的阻碍因素

传统的科学客观性观念显然是一种无法实现的“神话”，特别是在社会建构主义对科学活动中各种主观性不断揭示的今天。在实验室工作的科学家们很难像传统科学客观性要求的那样摆脱个人兴趣和情感倾向，在这一点上他们与从事其他职业的人们并无二致，例如律师、记者、神学家等等。莫里斯·戈兰（M.Goran）曾指出，“无论科学家还是普通人都有自我保护的原始意识，并以其文化背景为条件唤起我们的潜意识，以驱动自我意识”[①]。维茨（J. R.Lavetz）也强调：“科学哲学家正在日益承认获得科学知识的过程的复杂性，正在辨认出普遍接受的科学理论的结构和内容的未被解决的和不可解决的问题……进而，科学和工业比以往任何时候都密切地相互渗透，使得‘纯粹性’的主张变为空洞的。一旦存在对问题选择

① 莫里斯·戈兰：《科学和反科学》，王德禄等译，中国国际广播出版社 1988 年版，第 67 页。

（从而对结果选择）的外部影响，科学‘客观性’便丧失了重要的维度。”①

在克莱姆克（E.D.Klemkeet）看来，传统科学客观性观念的追求存在着以下几点无法克服的困难：“首先，正如艾伦（W.Allen）所说：客观性是主观的，主观性是客观的；至少后一点确实为真，我疼痛的事实并非不比我重 160 磅客观。其次，‘客观知识’是认知者收集的个人的即‘主观的’经验的‘理性重构’。现代认识论根植于这种难解之谜。再次，恰如波兰尼所言，如果我们仅仅希望客观的真理，那么我们（作为一个种族）应该把我们的全部理智力量用于研究星际尘埃，仅用若干分之一微秒研究我们自己（或其他事物），显然，没有一个人愿意接受这种对客观性的严格要求。最后，不仅知识、客观性和真理，从而还有方法论，原来是价值，或者至少表达了价值；于是，可靠的和不可靠的知识主张、好方法和坏方法之间的差别等，部分地是标准的判断。”②

在李醒民教授看来，传统的科学客观性观念不仅是不现实的、站不住脚的、误入歧途的，甚至是十分有害的。他在《必要的张力：在科学的客观性和主观性之间》一文中，从三个维度批判了传统科学客观性观念的有害性。

第一，传统的科学客观性观念排斥、削弱人的自我意识和科学的社会责任感。传统的科学客观性观念会造成科学研究对于主体的漠视，因为人类在浩瀚的宇宙中实在是过于渺小，连沧海一粟都谈不上，如果一味地强调科学研究对象的客观性，很容易造成对主体的忽略不计；另外，传统的科学客观性观念会导致科学成为缺乏责任感的事业，因为传统的科学客观性观念强调科学研究应该摒弃主体意识，而缺乏主体意识必然会带来责任

① J.R.Lavetz, *The Mergerof Knowledge with Power,* Lodonand New York: Mansell Publishing Limited, 1990, p.25.

② E.D.Klemkeet, *Introductory Reading in the Philosophy of Science,* New York: Prometheus Books, 1980, pp.226–227.

感的缺席，在传统的科学客观性观念中主体责任感不是应有之意，于是科学活动就将我们引向了不负责任的无意识状态。传统的客观性观念甚至将科学研究的主体排除在外，科学家在科学活动中成为无关的旁观者，科学家参与科学活动仅仅被赋予科学活动载体的角色，也就是说科学的发展有其内在的必然逻辑，科学事实与科学理论、科学理论相互之间的矛盾推动着科学的发展，科学家只是顺着科学事实、科学理论等相互作用的逻辑进行工作的发现者。量子力学奠基人之一、著名科学家薛定谔曾对这种极端的客观性理解提出批判，他认为当前的科学将认知主体排除在我们努力去理解的自然界之外，认知主体成为一个不属于这个世界的旁观者，这样一来世界就成为一个纯粹客观的世界。但是我们的身体组成了我们通过感觉、知觉、记忆构建的客观世界的一部分，我们只被赋予一个世界，而不是存在与感知剥离的两个世界，“主体与客体是同一个世界”①。

第二，传统的科学客观性观念不利于科学认识的发展。传统的科学客观性观念因为否认认识对象的无限性、认识视角的多样性、认识方法的丰富性、认识结果的多元性，反而成为科学发展的障碍，成为对科学发展有害的东西。波兰尼在其名著《个人知识——迈向后批判哲学》中对这种传统的科学客观性观念进行了批判，他认为长期以来科学一直追求一种主体和客体的严格二分，研究主体个人的旨趣、热情统统被清除，或者至少是降低到可以忽略不计的附属地位。科学研究的目的就成了收集种种“客观的”陈述的集合，研究对象完全由“客观的”观察决定，研究过程遵循“客观的”绝对理性标准。“但若必须承认对大自然的合理性之直觉也是科学理论的一个合乎道理的、确实必要的部分，那么这一观念就会破灭。”②

① 薛定谔：《生命是什么》，罗来鸥等译，湖南科学技术出版社 2008 年版，第 126 页。

② 迈克尔·波兰尼：《个人知识——迈向后批判哲学》，许泽民译，贵州人民出版社 2000 年版，第 24 页。

第三，传统的科学客观性观念助长了科学主义的蔓延。传统的科学客观性观念会给科学的事业赋予一种所谓的“优越感”，从而逐渐将“定量化研究”、“价值中立原则”等上升为超越学科界限，甚至文化形式界限的“普适原则”，例如一些人主张将伦理学转化为科学，或者用科学来解释价值判断。极端的科学主义甚至将科学视为知识的唯一获取方式，否认不同学科领域有其独特的研究方法，主张所有学科都应该采用科学的研究方法，用接近于科学的程度来评判其他学科的成熟程度。科学主义无疑是狭隘的、有害的，我们要警惕这方面的倾向。

我们在批判将科学主观性推向极致的社会建构主义，特别是科学知识社会学的同时，也要反对传统的科学客观性观念，激进的科学客观性或客观主义同样不利于科学的发展。这是因为激进的科学客观性将主体参与的和为主体服务的科学视为排除了主体的、与主体无关的科学，这会损害科学家们勇攀科学高峰的志向，阻碍科学家们执着追求真理的热忱，遏制科学家们探索宇宙奥秘的动力，限制科学家们思想自由驰骋的自由，削弱科学家们敢于创新突破的精神。“因此，我们要像坚决反对极端的科学主观性或主观主义一样，明确拒斥激进的科学客观性或科学客观主义。”①

第三节　从信息演化的角度对科学客观性进行维护

对于科学的客观性品格，我们的态度和李醒民教授是一致的，即选择

① 李醒民：《必要的张力：在科学的客观性和主观性之间》，《社会科学战线》2009年第3期。

一条中间道路，既不认同传统的科学客观性观念，也坚决反对社会建构主义的极端立场，保持一种温和的科学客观性立场，在维护科学客观性品格的前提下也承认科学活动中存在着各种异质的非理性因素。当然这种中间道路绝不是两个立场的中点，而主要是继续维护科学的客观性，批判极端的社会建构主义，在这一点上我们和李醒民教授的立场也是一致的，“张力的平衡点或路线的指向应该偏向客观性一极——张力的平衡点绝不在中点，更不会偏向主观性一极；同样地，所走的中间道路也应该靠近和趋向客观性一些。”①

在科学活动中各种异质的非理性因素不断被揭示的今天，如何继续维护科学的客观性品格呢？或者说科学如何继续展现其客观性品格呢？我们对这个问题的回答是通过对科学活动历时性的考察，或者说科学在历时性地演化过程中可以展现其客观性品格。

我们相信，从事科学研究或者说具有一定程度科学知识的读者在读社会建构主义的论著的时候通常会陷入一种矛盾，一方面社会建构主义确实揭示了科学活动诸多异质的非理性因素，科学确实并非如我们传统上所认识的那样具有“纯粹”客观性，按社会建构主义所理解的科学，科学与其他文化形式也并无本质的不同，“我们没有理由称赞科学家比其他人更‘客观’或‘逻辑性强’或‘有条理’或‘献身于真理’”②；但另一方面，科学却不断呈现出其在客观性方面的进步，没有人能否认我们对于我们所处世界的认识更加明晰。无论经验建构论如何强有力地论证经验背后实体被认识的不可能性，但经验建构论无法回避的是，曾经的经验背后不可观察的实体可以随着技术的突破呈现为可观察的实体，这种历时的科学检验是

① 李醒民：《必要的张力：在科学的客观性和主观性之间》，《社会科学战线》2009 年第 3 期。

② 理查德·罗蒂：《后哲学文化》，黄勇译，上海译文出版社 2009 年版，第 81 页。

经验建构主义无法回避的事实，海王星的发现首先是基于理论的预测，但随后在天文观测中得到验证，这就是从理论实体到经验现象的实例，现在恐怕最极端的建构论者也不会否认海王星的真实存在。所以，无论社会建构主义如何解构和消解科学的客观性品格，但科学在客观性方面的进步却是无法否认的事实，通过科学的发展，我们对实体的认识越来越丰富，越来越可靠，同时我们所拥有的科学理论也越来越丰富，越来越可靠。正如苏珊·哈克（S.Haack）所言："'科学的优点在于真相迟早会大白于天下'。毫无疑问这听起来有点幼稚，但是，它却一种粗糙的方式抓住了某些重要的东西。进步是缓慢曲折的，但是，正是由于自然科学，我们现在所知道的比 400 年以前要多得多。"①

一、科学事实陈述的客观性分析

科学事实陈述是科学认识活动作为语义信息演化的起点，语义信息的前提是语法信息，作为认识论信息起点的语法信息又是以本体论信息的存在为前提的，所以我们在分析科学事实陈述的客观性之前，有必要对本体论信息和语法信息的客观性进行一定的论证，否则对科学事实陈述的论证就无从谈起。

在第一章和第二章的内容里我们分析了本体论信息的内涵，指出本体论意义上的信息可以区分为本源信息和存在信息，本源信息并不包含主观性，因为主体无法创造本源信息，只能创造本源信息被反映的条件，也就是说存在意义上的本体论信息是包含主观性的，这一点在第二章的图 2.1 和图 2.3

① 苏珊·哈克:《理性地捍卫科学——在科学主义与犬儒主义之间》，曾国屏、袁航等译，中国人民大学出版社 2008 年版，第 109 页。

中已经做了深入阐述。但是存在信息包含主观性并不能否认其客观性品格，因为本源信息的客观性一定程度上保障着存在信息的客观性，主体可以主观地创造一些存在信息，但显然这种创造不可能是随心所欲地创造，而是要受本源信息客观性的约束，就像实验室中通过人为创造条件可以实现超导现象，超导现象的出现当然一定程度上体现着主观性，但这是在客观存在的电子本源信息的基础上实现的。存在信息以本源信息为其存在前提，受本源信息的客观性保障和制约，主体可以通过存在信息来达到对本源信息的认识，这就是本体论信息的客观性内涵，这同我们在本节一开始提出的立场是一致的，即维护科学客观性的同时为主观性留出一定的空间。这也同我们在本章一开始提出的科学客观性理解是一致的，即从科学理论能否真实地把握和理解本源信息来评判科学客观性的可能性，所以只要把存在信息视为主体把握和理解本源信息的窗户，而非帷幕，就能够阐明本体论信息阶段的主观性无法构成对主体把握和理解本源信息的根本性障碍，就能够在本体论信息阶段承认科学活动存在主观性的同时维护科学的客观性品格。

本体论信息进入主体后首先形成语法信息，而语法信息的客观性我们在第二章第二节进行了讨论，实践中的主体间性保证了语法信息的客观性。虽然费耶阿本德坚持认为主体在感觉和语言描述之间是很难作出分割的，他举例提到，当看到一块石头下落时，观察者不是先有一个感觉，随后再将这种感觉解释为在指示着一块直线下落的石头；相反，观察者只是看到一块石头直线下落，随后愿意接受这样的断言："石头直线下落"。不过查尔默斯（A.Chalmers）批判了费耶阿本德的这种观点，他认为费耶阿本德的案例缺乏说服力，"我的预感是当观察石头下落、太阳升起以及静止的地球时，20世纪观察者所经历的经验与17世纪的观察者差别不大"①。

---

① 查尔默斯：《科学及其编造》，蒋劲松译，上海科技教育出版社2007年版，第49页。

查尔默斯认为观察渗透理论命题不是提出了科学中的观察缺乏客观性，而是观察科学中的恰当性和相关性可能需要修正，即“科学中的观察是可客观化的，但是我们并不因此就能得到可靠的科学基础”①。

查尔默斯对观察客观性的认识同我们的观点是一致的，语法信息是客观的，它由实践中的主体间性保证，观察渗透理论主要分析的是科学事实陈述的主观性问题。

（一）“观察渗透理论”的内涵

“观察渗透理论”，是科学哲学家汉森（N.Hanson）提出的著名命题。该命题指出任何观察都不是纯粹客观的，具有不同知识背景的观察者观察同样的事物，会得出不同的观察结果。科学活动中的观察渗透理论是一个关于科学概念框架的变换问题。

观察渗透理论的过程是一个语法信息向语义信息转化的过程，语法信息具有客观性，但无法成为科学研究的真正起点，科学研究的对象通常是对语法信息的意义诠释，即语义信息。在语义信息的形成过程中，就附载了情境信息，即渗透了理论信息。这个过程的情境信息通常包含主观情境信息和范式情境信息，如图 3.2 所示。

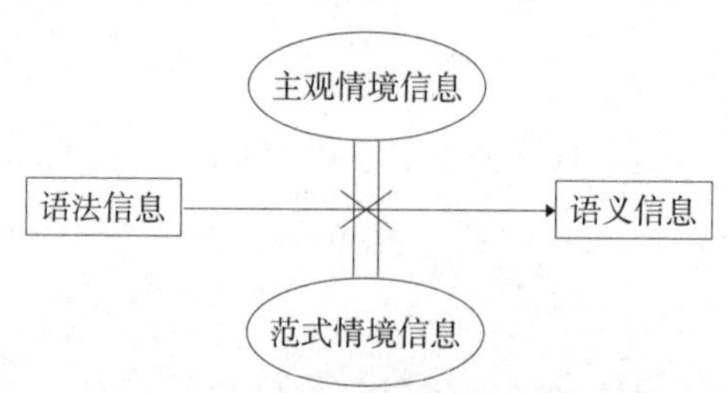

图 3.2　语法信息向语义信息转化过程中的情境性

① 查尔默斯：《科学及其编造》，蒋劲松译，上海科技教育出版社 2007 年版，第 64 页。

主观情境信息指的是主体价值趋向，拥有不同价值趋向的主体对同一语法信息的陈述可能导致不同的语义信息，鸭兔图的例子可以表明这一情况，如图 3.3 所示。范式情境信息指的是主体在科学研究过程中所遵循的科学范式，范式情境信息是无法避免的也是必需的，因为如同库恩所言，缺乏范式规范的科学研究是无法进行的。范式情境信息对主体的影响也导致持不同范式的主体对同样的语法信息建构出不同的语义信息。例如，对于同样的“密闭容器中物体燃烧结束”这一语法信息，燃素说和氧化说会建构出“物体内部燃素燃烧完毕”和“容器中氧气消耗完毕”截然不同的语义信息。

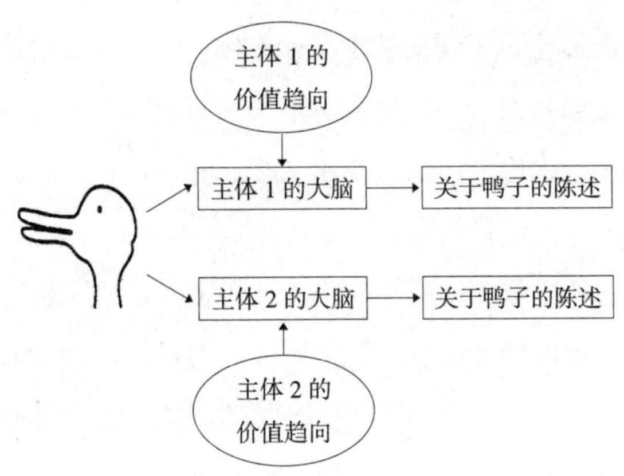

图 3.3　主体价值趋向导致语义信息的差异

很显然，作为客观事实进入主体感官世界的呈现，很难进入人们实践交流的语言系统，更无法成为科学研究的起点。无论是经验事实，还是进入科学研究视域的科学事实，都必须是主体建构之后附载有主观情境的产物。所以，舒斯特认为经验事实都包含有主体的信念、价值观和目标，并且这些主观情境与客体信息相互耦合，从中无法“提炼”出真正的、中性的纯粹事实。舒斯特以 17 世纪前后不同的颜色理论对关于颜色的经验陈述的影响为例表明了经验事实的主观情境性，他认为人们对颜色的陈述属于两个世界，在17世纪之前的世界中，“颜色是四处漂浮或附着在事物之上的”；在17世纪之后的世界中，“其实并不存在什么颜色，只有原子、分子和能量之间的相互作用”。不同的世界由不同的语言创造和表述，不同的语言承载着不同的经验陈述方式，从而产生出不同的经验事实，即“不同的语言—不同的事实；不同的理论—不同的事实”①。

（二）科学事实陈述的客观性辩护

“观察渗透理论”反映了观察命题与理论命题无法绝对区分的关系，体现了科学事实与科学理论相互联系，无法完全割裂的对立统一思想。然而，若片面强调理论对于观察的决定性作用，把“观察渗透理论”推向极端，则很容易走向相对主义，造成对于科学形象的歪曲。我们将针对上面提到的“观察渗透理论”内涵，在承认观察和理论相互联系的前提下，为科学事实陈述的客观性进行辩护。

首先，对于科学事实向科学事实陈述转化，即语法信息向语义信息转化过程中融入的主观情境信息，科学已经发展了一套强有力的技巧来回避这类问题。知觉具有主观性和相对于文化的成分，科学家们也注意到这一事实，所以才会强调在科学中用标准化环境下遵照严格固定的程序进行观察。单纯的观察被测量和受控实验所取代，通过这种方式，人类知觉的许多特质就可以被回避。“微生物学家透过电子显微镜观看一个红细胞，看到一团稠密物质的构形。这究竟是反映了红细胞的结构，还是显微镜的赝像？细胞被镶嵌在显微镜的栅格中，其方格被标记。通过电子显微镜，可以看到稠密物质且可以确定其在栅格中的位置。栅格中同样样本的细胞，

① 约翰·A.舒斯特：《科学史与科学哲学导论》，安维复译，上海科技教育出版社2013年版，第61页。

再用与电子显微镜运作的物理学原理完全不同的荧光显微镜来观看。在栅格中的同一位置上看到了同样排列的稠密物质。观察到的结构（无论它们是什么）确实出现在细胞中，难道对这一点还能有什么严肃的怀疑吗?”①

科学认知活动中交叉性、多角度的科学检验可以最大程度地去除语义信息附载的主观情境信息。以上面提到的图 3.3 中的鸭兔图为例，这种因为主观情境造成的对同样语法信息的语义信息演化可以由后续的科学检验之网得以消除，只要将所认识的实体纳入鸭子和兔子的科学检验之网，通常就可以消除这种情境性。科学认知活动中的这种消除主体情境性的机制可以由图 3.4 一般地表示。

所以，科学事实陈述的客观性是一种历时性的概念，通常无法满足即时性的要求，在具体某个科学案例中，很容易发现诸多主观性的因素，但历时地看，科学活动中存在着一套成熟的机制来不断去除这些主观性，从而对科学的客观性起到维护和保障的作用。兔子可以在某个时刻因为主体价值趋向被误认为是鸭子，但我们通过后续的科学检验之网可以去除这种主体价值附载，例如我们可以通过检验它是否可以划水、是否可以发出“嘎嘎”的声音、是否长有羽毛等来进行进一步的确认。

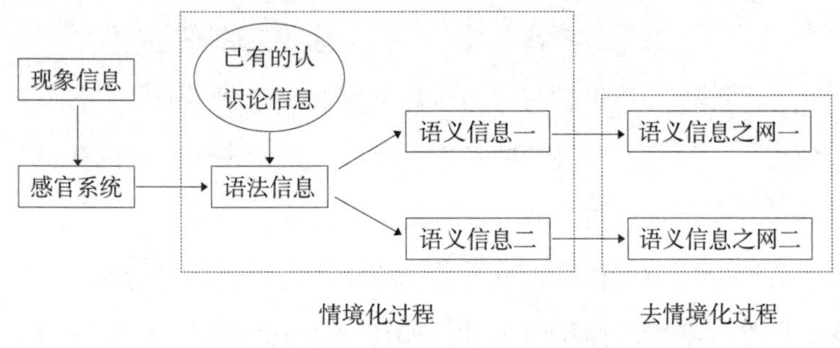

图 3.4　去除附载于语义信息之上的主观情境信息过程

① I.Hacking, Representing and Intervening, Cambridge: Cambridge University Press, 1993, p.11.

对于科学观察中因为错误理论或日常经验造成的假象，我们认为这并不构成对观察客观性的摧毁。假象是观念对于物质的错误反映，但它是真实存在的，具有客观性的品质。无论持何种理论预设或知识背景的观察者，对于此类现象的观察都应该有相同的主观体验。无论了解光的折射理论的观察者还是没有任何科学素养的观察者，对于筷子插入水中发生弯曲的现象，他们经历的是相同的视觉体验，不同的只是他们对于该现象的理解和诠释。并且我们认为，假象对于科学理论的建构同样具有约束作用，对于假象进行错误理解的理论自然满足假象的约束，比如地静说当然可以解释太阳绕地球运动的假象，但地动说同样需要解释此种假象，要解释我们为什么会产生此种假象。

语法信息向语义信息转化时还附载有范式情境信息，共时地看，科学认知活动很难消除此种情境性，因为几乎任何科学认知活动都会受到当时科学研究范式的规范或指引。但历时地看，纵观科学的发展历史，不难发现语义信息所附载的范式情境信息也存在着被逐渐去除的去情境化过程。

考察科学的发展历史，对事实陈述的不断明晰是显而易见的，只要不陷入相对主义，不否认科学发展两千多年来取得的巨大进步，都会承认这个结论，事实上这也是科学进步的重要标志。无论在理论更替中存在着多少非理性因素，人们不会否认“地动说对地球状态的陈述”代替“地静说对地球状态的陈述”、“牛顿对自由落体的陈述”代替“亚里士多德对自由落体的陈述”、“氧化说对燃烧的陈述”代替“燃素说对燃烧的陈述”等属于事实陈述的明晰化过程，属于科学进步的表现。

事实陈述的明晰化过程，就是事实陈述中附载的范式情境不断被消除的过程。回到舒斯特所提到的 17 世纪前后对颜色的陈述案例，显然 17 世纪之后对颜色的陈述较之 17 世纪之前更为明晰，随着科学的发展，在大量科学交叉性、多角度的验证之网中，“漂浮的颜色”无法同大量被证实的科学事实、科学理论相洽，所以在理论转换过程中，之前的范式情境被消除。

科学的发展、理论的转换似乎可以去掉事实陈述中附载的旧的范式情境，但随之也会带来新的范式情境，就如同 20 世纪的科学认知活动虽然摆脱了牛顿力学的范式情境信息，但也必然附载上相对论或量子力学的范式情境信息，事实陈述的去情境化何以实现呢？事实陈述的不断去情境化过程，就是科学不断前进的表现，因为随着科学的发展，共识的范围在不断拓展。尽管科学革命在不断进行，范式在不断转换，世界图景在不断更替，但同时关于事实陈述的共识也在不断增加。可以肯定，今后无论发生世界图景的如何更替，"地球是球形的"、"自由落体速度与重量无关"等陈述会越来越多，它们不会随着世界图景的更替而动摇。这就像猜字谜游戏，新出现的格子可能会带来更多的不确定和新的可能，但它同时也在不断确证着一些答案，不确定性的重新增加和确定答案的不断增长是同步的，是不矛盾的，这也正是科学前进的方式。

观察陈述的确离不开理论术语，或至少隐含着理论预设、知识背景。但这并不意味着经验的内容是由理论所决定的，更没有暗示我们莫名其妙地与"世界"分离，或表明我们能够谈论的世界必定是我们的"建构"。基彻（P.Kitcher）对于该问题的看法是，主体与物理对象之间的联系是借助于某种主体所具有的心理状态（知觉、表象等）为媒介的。先天的信念、概念和训练影响着主体知觉状态的过程，感知心理学中存在着心理学问题，为了阐明它们，需要考察物理学、生理学和心理学。所以，"与其说世界是由我们的认知范畴所塑造，不如说我们对它的表征是依靠我们的认知范畴来塑造，这种塑造应该经受住经验的检验，这也许更为精确"①。

① 诺里塔·克瑞杰：《沙滩上的房子》，蔡仲译，南京大学出版社 2003 年版，第 52 页。

科学中，具体的某个观察也并非仅仅凭借着一次的观察或一次的验证来保证其客观性。科学实验的验证常常是一种交叉验证的情况，在愈发密集和稳定的证据之网中，具体的观察得以展示其客观性。比如，尽管罗默首次确定光速是基于天文学理论的背景，但之后这一速度被多种实验方法测定，所有的方法都得到了相同的结果。卢瑟福根据理论计算（使用的是不正确的理论）发现的原子核，也已经被其他实验无数次验证，并且被用于大量各种成功的预言。在科学的大多数领域中，虽然一些观察事实是可能渗透着理论的，理论和事实的结合却具有极大的稳定性。“就像一座建筑物的稳定性不单靠拐角上的支柱的坚固性，也靠墙和地板的大范围的交叉支撑，科学的结构也是这样，是由其中密集的相互依赖的网状部件来保证的。在必要时，指出科学结构的某些特定部分的证据可能是薄弱的，这是科学家和博学的评论者的一项重要职责，但它与大厦的整体安全性关系不大。”①

苏珊·哈克通过对观察证据质量的客观性的强调来批评对“观察渗透理论”的相对主义解读。她认为词汇和世界之间的连接以及我们在学习语言时学到的词汇之间的相互连接，包括我们与世界在知觉上的相互作用，都给予了关于世界的主张以一定的担保度。观察不是由命题构成的，而是由知觉性的相互作用构成的，它不是由命题之间的逻辑关系担保的，而是借助于在语言学习过程中所建立起来的词汇与世界之间的连接而进行担保的。虽然观察是复杂和弥散的，但却构成了对于科学理论的真实约束。“尽管某时某主张的担保度依靠于当时某人或某个集体的证据的质量，但是证据质量不是主观的或相对于共同体的，而是客观的。”②

---

① 罗杰·G. 牛顿：《何为科学真理——月亮在无人看它时是否在那儿》，武际可译，上海科技教育出版社 2009 年版，第 107 页。

② 苏珊·哈克：《理性地捍卫科学——在科学主义与犬儒主义之间》，曾国屏、袁航等译，中国人民大学出版社 2008 年版，第 65 页。

以哈金为代表的新实验主义强调实验有自己的生命，反对把理论对于观察的作用绝对化。哈金认为，实验过程中经常会产生或伴随着新的人工自然现象，而这些现象不仅仅是对于已知自然规律的例证。实验是一种实践活动，是主体对自然的干涉，在干涉中与世界相互作用，相互渗透，实验可以创造出新的现象，其哲学意义不可以通过其对经验和理论的表征作用得到充分的表达。

总之，观察和理论是相互联系、相互渗透的。观察和理论的这种关系是由观察的主观性和客观性所决定的。观察的主观性决定了观察必须依赖理论；观察的客观性决定了理论必然解释观察。观察主观性与客观性的统一决定了观察与理论的统一。片面强调观察的客观性，否认观察对于理论的依赖，将会陷入传统孤立、静止的反映论困境；而片面强调理论对于观察的决定性，否认观察的客观性，将会滑向相对主义的泥潭。

二、科学理论的客观性分析

本章在一开始讨论科学客观性的内涵的时候提出科学的客观性能否得到维护，关键在于科学理论能否通达本源信息，这种通达不是镜像式的一一对应，而是一种真实的理解和把握。所以，我们讨论科学理论的客观性，关键点也不在于是否承认科学理论建构过程中是否融入了主观性因素，而在于论证科学理论是如何通达本源信息的。

科学理论是主体基于科学事实对客观世界的理论化建构。科学理论的目的是通过分析科学事实陈述从而揭示出研究对象的本源信息。科学事实陈述和科学理论都是语义信息的范畴，所以从科学事实陈述到科学理论的形成，对应的是语义信息的展开和演化过程。语义信息在主体内部的展开和演化过程中，不可避免地会附载主体的主观情境信息。这个包含了主观情境信息的语义信息展开和演化便是科学活动这一通信过程的译码环节。

在本章第一节，我们用通信系统模型（图 3.1）来理解科学活动的通信过程，我们将这个通信过程的编码环节和译码环节细化，见图 3.5，就可以进一步理解科学活动的具体机制，就可以进一步理解科学认识世界的功能，具体地讲，主要任务是认识世界本源信息的功能，就可以进一步深刻地理解科学客观性的维护主要是保证科学活动中的译码过程和编码过程的对应。

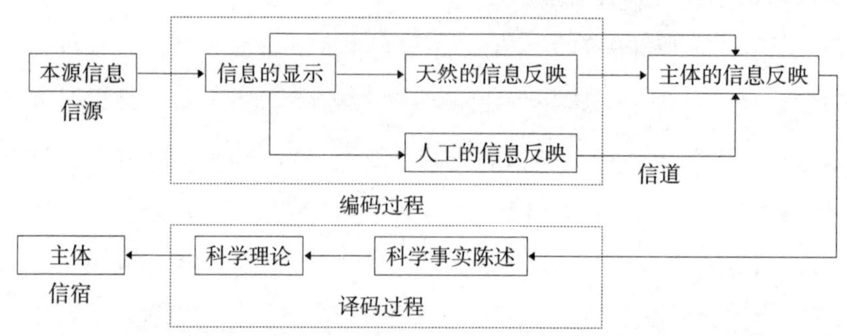

图 3.5　科学活动的通信过程

图 3.5 是在图 2.1 的基础上进行的补充和完善，所以对于编码过程，我们在第二章已经进行了深入的分析。本源信息以及对本源信息的编码是本体论信息的展开和演化，主体的信息反映是语法信息，作为语法信息的主体经验是客观现象与主体感官器官相互作用后的呈现，从这个意义上来讲，语法信息也应该属于编码过程。但从通信系统模型的角度讲，语法信息已经是进入主体内部的认识论信息，若将语法信息视为编码过程，则信道的概念就无法理解，所以我们在这里不将语法信息作为编码过程的一部分，另外语法信息具有客观性，它与客观现象可以基于主体间性进行客观对应，所以将它排除在编码过程之外，并不会影响对科学客观性的分析。

语义信息的展开和演化，也就是科学理论建构过程对应通信过程中的译码环节，但是与通常的通信系统不同的是，一般通信系统的译码是基于了解编码规则的前提下进行的，而科学认知活动的译码则只能是基于对自然界编码规则的猜测。既然科学理论建构所对应的译码过程只能是对自然编码规则的猜测，那么必然为主体大量的主观情境留下存在空间。当然，即使最极端的社会建构论者也会承认科学理论的建构过程中存在着理性和逻辑的方法，但目前科学哲学界已经基本形成的共识是，这些纯粹的理性和逻辑方法并不能贯彻科学理论建构过程的始终，其间必然存在着无法排除的主观因素，这一点无论是科学家还是传统科学哲学家都不会否认。科学理论的建构方式通常采用的是爱因斯坦式的建构方式，即从几个基本假设出发，推演出整个科学理论体系，然后再由科学理论推演出经验命题，与经验事实进行比较来验证理论的可靠性。在这个过程中，演绎的逻辑只存在于从假设到理论，以及从理论到经验命题的推演过程。而基本假设的提出往往需要非理性的天才式的把握，当然这种天才式的把握是基于对大量经验的洞悉，但这种从经验到天才式把握的涌现不存在必然逻辑通道，直觉、文化背景、宗教信仰、心理暗示等因素都可能会对这一过程产生影响，都属于主观情境依附于科学理论之上。科学理论的建构机制我们在第二章图 2.6 中也已经进行了深入分析。

科学理论建构过程中不存在必然逻辑通道，是源于科学理论与客体对象之间的相关线索蕴含着不确定性，这种不确定性为主观性的存在留下了合理的空间。波兰尼认为这种不确定性首先体现在科学与实在的相关线索是无法被完全指明的；其次，我们无法完全定义这种相关线索联系起来的整合过程；最后，我们也无法穷尽科学与实在的一致性所显示的真实在未来的展现。波兰尼提到了爱因斯坦的例子：“在他还是个孩子的时候，他就遇到了光源追赶它所发出的光线这样的困境。爱因斯坦没有像其他人一样，把这作为古怪的事情丢在一旁。他的直觉告诉他，必定有某个原则，它将确保在任何情况下都不可能观察到绝对运动。”①

另外，同科学事实陈述附载有范式情境信息一样，科学理论建构过程中同样附载有范式情境信息。历史主义的研究表明，大部分的科学认知活动都受到宏观的规范性指向作用，这种宏观的规范性指向作用在库恩的理论中是来自于“范式”，在拉卡托斯的理论中是来自于“研究纲领”，而在劳丹的理论中则是来自于“研究传统”。这种宏观的规范性指向作用，无疑最终会体现在科学理论之上，我们将其称为科学理论附载的范式情境信息。例如库仑在构建静止点电荷相互作用力公式的时候，就完全模仿了牛顿万有引力公式的模式。在科学史中，理论模型建构大都附载有此种模仿或类比的范式情境信息，例如卢瑟福的“行星模型”、玻尔的“半经典模型”等。

追寻科学理论建构过程中这种模仿或类比的根本原因，在于科学理论无法达到对研究对象的镜像式反映，通常只能是基于此种模仿或类比来达到对自然界的理解和把握。这在科学哲学中被称为隐喻建模，如郭贵春所言，“科学家常常通过对两个不同语境中的对象、现象、事件或目标系统进行类比，建立基于相似性基础的理论表征系统”②。而科学隐喻则是引发类比或建构相似性的媒介。科学家常常通过“物理系统与物理系统之间类比”、“物理系统与理论系统之间类比”、“理论系统与理论系统之间类比”来隐喻式地建立理论模型。

在隐喻建模过程中，主体的情境性无疑依附于科学理论之上。具有不同情境的主体面对同一科学问题，可能产生不同的理论模型。“实际上，

① 迈克尔·波兰尼:《社会、经济和哲学》，彭锋等译，商务印书馆2006年版，第289页。

② 郭贵春、杨烨阳:《科学表征中的隐喻建模——基于语境实在论》，《哲学研究》2016年第2期。

影响隐喻建模的语境效应是由语境依赖和语境敏感两个关键因素构成的，它们通过主体的意向性来影响隐喻建模的认知过程。”① 所以，隐喻建模本质上是一个具有主观性的情境化过程，具有情境依赖性和情境敏感性，既体现着理论建构者的主观价值趋向，也体现着理论建构者所处的科学范式情境，拥有不同范式情境信息的主体面对同一科学问题，可能产生不同的理论模型。例如，卢瑟福建构的关于原子结构的“行星模型”，一方面体现着他本人类比的个人偏好情境，另一方面则体现着作为当时研究传统的牛顿范式情境。当原子结构模型发展为电子云模型时，显然体现着牛顿范式到量子力学范式的情境转换。

我们在承认科学理论建构过程附载着丰富主观性的同时对科学理论的客观性进行维护，主要论证的论点是：科学理论可以在被主观性包围的情况下通达本源信息。科学理论之所以能够通达本源信息，主要在于科学活动也存在着保证着科学理论能够通达本源信息的机制，例如现象剥离机制、经验约束机制、理论竞争机制。

（一）科学活动中的现象剥离机制

科学理论通达本源信息是通过基于对科学事实进行译码来实现的，但是主体对于本体论信息的编码规则又无法做到彻底清晰地了解，所以主体通过科学事实获取本源信息的前提就在于：第一，科学事实包含着本源信息，也就是说编码后形成的语法信息包含着本源信息；第二，主体可以从科学事实中提取出本源信息，这对应着译码的可能性。对于前者，由本源信息到语法信息演化的关联性得以保证。大多数对于科学客观性进行批判

① 郭贵春、杨烨阳：《科学表征中的隐喻建模——基于语境实在论》，《哲学研究》2016 年第 2 期。

和解构的哲学流派主要是对后者进行质疑，他们认为通过情境化后的科学事实无法达到对本源信息的认识，如同舒斯特所言："我并不是说，存在某种包裹在信念、价值观和目标的谷壳之内的事实的小金块或谷粒，好像我们能够从人类的信念、价值观和目标中提炼出真正的、中性的纯粹事实。"①

科学事实主要是实验室的"产品"，这个产生机制我们在第二章也做了深入分析。在实验室中，科学家对自然"拷问"的主要目的是使得本源信息转化为存在信息，例如卢瑟福通过 α 粒子散射实验来使得原子结构信息由潜存状态转化为显现状态。尽管实验呈现的现象信息不仅包含着原子内部结构信息，也包含了 α 粒子在内的诸多实验室设备、程序信息，但科学家清楚地知道诸多实验室信息只是认识原子内部结构信息的手段，它使得原子内部结构信息由潜存状态转化为了显现状态。科学正是通过现象信息来通达本源信息，这个过程便是理论建构过程中自觉的去情境化。最终形成的科学理论，比如卢瑟福的"行星模型"就已经与 α 粒子等诸多实验室情境信息进行了主动的剥离。所以说，实验室呈现的存在信息，即科学事实，包含了实验设备、实验程序等情境信息，也许存在主观性、偶然性和情境性，但就科学理论所揭示的本源信息而言，却具有客观性、必然性，是去情境化后的结果。国内地方性知识研究专家吴彤对此也有着清晰的认识，即科学实验只是"建构科学现象，而不是科学实体"②。

另外，这种科学理论在建构过程中对实验室呈现的存在信息中情境信息的去除，也由多角度的实验过程来得以保证。如图 3.6 所示。

---

① 约翰·A. 舒斯特:《科学史与科学哲学导论》，安维复译，上海科技教育出版社 2013 年版，第 47 页。

② 吴彤:《科学实践哲学视野中的物理学哲学问题——以物理学实验涉及的问题为例》，《自然辩证法研究》2016 年第 5 期。

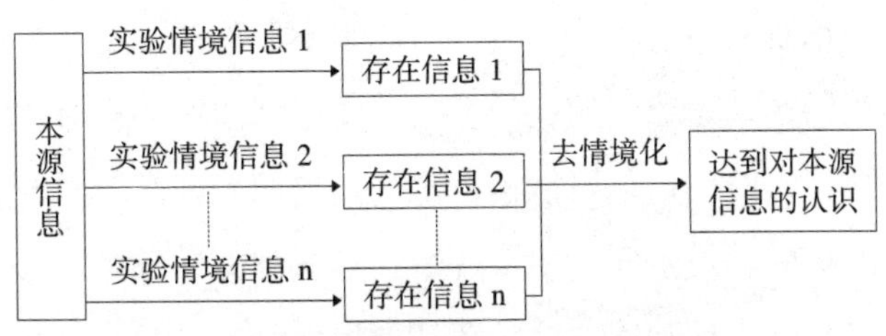

图 3.6　科学理论建构对现象信息的剥离机制

图 3.6 中实验室对本源信息的呈现是多次数、多角度、交叉性的呈现方式，这在很大程度上保证了科学理论能够通过这些存在信息通达本源信息。同一个实验过程，一旦在实验室呈现后，科学家必定会进行多次重复，科学家将实验情况公开后，不同的科学家会在各自的实验室重复该实验，这便是我们在第二章分析科学检验的可重复性时提到的“可重现性”要求；对于一个实验程序揭示的本源信息，科学家通常会设计另外的实验程序来多角度检验，例如对于光的复合性质，可以通过薄膜实验来呈现，也可以通过牛顿环实验来呈现，还可以通过三棱镜实验来呈现；交叉性的呈现方式则指的是在不同理论指导下设计实验，实验现象可以呈现同一的本源信息，例如光的干涉实验呈现了光的波动属性，而光的衍射实验同样呈现了这一本源信息。多角度、交叉性的实验检验便是我们在第二章提到的“可再现性”要求。多次数、多角度、交叉性的存在信息之间的对比，使得实验过程中的各种异质情境可以不断地剔除，可以使得主体通过剥离现象信息从而达到对本源信息的通达。

（二）科学活动中的经验约束机制

在译码过程中，大量主观情境信息附载于最终的科学理论之上。但是从科学发展的历时维度看，在科学演进过程中，许多主观情境信息也同样存在着逐渐被消除的状况。究其原因，在于现象信息对科学理论建构的约束与主观情境信息对科学理论建构的影响是不对称的，也即是说，现象信息对科学理论的约束是稳定的、长期的，而主观情境信息对科学理论的影响是不稳定的、暂时的，是可以被剥离的。早期光的微粒说的盛行，可能附载有牛顿的权威，玻尔原子模型残留有经典物理学范式，这些理论附载的情境都不具有稳定性和连续性，从长远的历史眼光审视，这些情境都需要承认经验约束的优先性。

经验约束是曹天予提出的建构的结构实在论中的重要思想[①]，他认为在经验的约束下，科学理论可以通达实体。在我们看来，无论经验约束是否能够保证科学理论通达实体的科学实在论立场，但经验对于科学理论的约束是客观存在的，这种约束也是长期的、稳定的。经验约束之所以具有长期性和稳定性，在于经验层次的现象信息具有客观性，这在某种程度上可以由语法信息的客观性得以保证。按照“非充分决定命题”，同一现象可以对应多个理论，这也能够从另外的角度说明现象信息本身是客观的，不因为解释现象的理论不同而不同。在科学史中，科学理论的发展是不连续的，正如托马斯·库恩所揭示的，不同范式中的人像是生活在不同的世界里，范式的转换是格式塔式的。但是经验是连续的，经验对理论的约束也是连续的。前面已经论述，经验事实本身是客观的，附载情境的是对经验事实的陈述，无论是何种范式下的理论，都需要对相同的经验事实进行匹配和解释，我们不能说“日心说”和“地心说”匹配和解释的不是相同的经验事实。只要承认经验事实的客观性，就无法否认经验事实对科学理论约束的稳定性和连续性。不断呈现的经验事实，无论是天然自然现象还是人工自然现象，对理论建构的约束，就构成了对科学理论的去情境化过

① Cf. T.Y.Hacking, *Conceptual Developments of 20th Century Field Theories,* Cambridge: Cambridge University Press, 1997, p.13.

程。另外，无论一组现象对应多少个理论，并没有否定现象对理论的约束作用，无论理论建构过程中的主观因素有多大，都必须以理论匹配现象为约束前提。

舒斯特用开普勒通过望远镜对行星观察的案例来说明经验事实陈述的理论附载：开普勒用望远镜看到行星周围存在彩色边缘，于是报告说他的行星是彩色的；1704年牛顿提出色散理论，所以在牛顿之后会报告说行星的彩色边缘是色散现象。舒斯特于是下结论："我们需要理论来厘清通过仪器所得到的观察物体"①。舒斯特的错误在于，他混淆了经验事实同经验事实陈述之间的区别，对经验事实的陈述附载有理论情境，但经验事实本身是客观的，无论是否掌握色散理论，通过折射望远镜看到的现象都是一样的，即经验事实是稳定的、连续的。望远镜——实验仪器，行星——天然自然，一起构成的人工自然现象，约束着开普勒和牛顿之后的理论。经验约束不同于反实在论中工具主义立场的地方在于，经验约束是一个动态的过程。诚然，在一组经验约束下，开普勒和牛顿之后的理论都可以匹配和解释，但随着经验事实的展开，经验的约束作用就愈发明显，例如，牛顿发明反射望远镜之后就消除了开普勒用折射望远镜所观察到的色散现象，这两组经验组合起来，就约束掉了开普勒观察行星时所持的理论。

现象信息对科学理论约束的稳定性、长期性和优先性，在科学史中俯拾皆是。开普勒在建构行星运动模型的初期，因为信仰柏拉图主义，从而建构出附载有柏拉图主义情境信息的正多面体正切嵌套宇宙模型。当开普勒接触到第谷·布拉赫精确的天文观测材料时，现象信息进一步对他的科学理论建构进行了约束，使得他不得不放弃之前的宇宙模型，从而建构出

① 约翰·A.舒斯特：《科学史与科学哲学导论》，安维复译，上海科技教育出版社2013年版，第273页。

椭圆行星运动模型。在开普勒建构行星运动模型的过程中，历时地看，现象信息的约束和主观情境信息的影响比较而言，无疑具有稳定性、长期性和优先性，这保证了随着科学理论的不断发展，其附载的情境信息可以不断被去除。科学的事业，正是在不断增多的稳定的、连续的经验事实的约束下，不断前进。

（三）科学活动中的理论竞争机制

科学理论之间的相互竞争机制，可以在一定程度上去除附载于其上的情境信息。例如关于本源信息 A 的科学理论被建构出来的时候，很可能附载有 a1、a2、a3……等诸多情境信息，但理论会被多角度多方法重复验证，例如采用不同的材料、不同的方法，纳入已有的理论框架，与后续的科学事实进行对比等。在科学理论经受多种维度的科学检验过程中，科学家们会不断比较关于本源信息 A 的各种不同理论，寻找关于 A 的适当理论描述，逐渐去除混杂于其间的情境信息，最终逐渐达到关于 A 的适当理论。这种在理论竞争中消除情境信息的机制可以通过图 3.7 阐明。

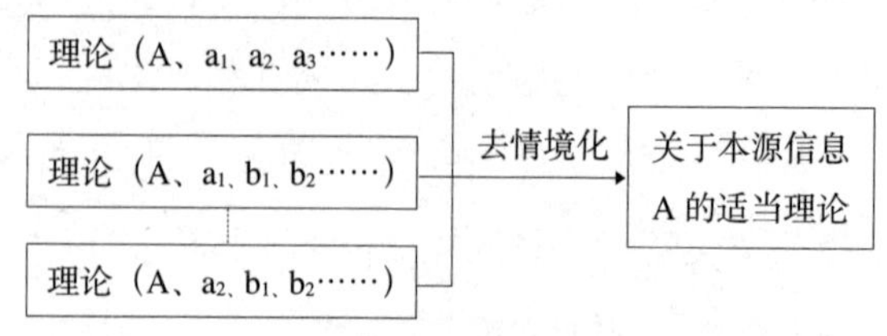

图 3.7　科学理论竞争消除情境信息的机制

科学历史上，从哥白尼引发天文学领域的革命到牛顿对科学的第一次大统一，这期间天体运动理论模型的发展，正是科学理论通过竞争来消除情境信息机制的体现。哥白尼颠覆了地球处于宇宙中心静止不动的传统，却保留着正圆的传统；开普勒突破了正圆传统，却依然保留了恒星天球的概念；伽利略开创了地上的新力学，在天上却依然坚持正圆的信仰。正是在这些理论之间的对比和竞争过程中，科学才得以不断进步，从而在牛顿手中实现综合后的统一。科学史上对原子结构的认识也是如此，从卢瑟福的“行星模型”到玻尔的“半经典模型”，再到量子力学中的原子内部结构图景，就是一个合理成分不断被保留，情境性不断被消除的过程，玻尔保留了卢瑟福的轨道概念，但提出了能级的概念以解释辐射光谱的离散性，这是部分消除了卢瑟福原子结构中的牛顿范式情境；而到了量子力学的图景中，玻尔的分立能级被保留，而轨道的概念被去除，玻尔原子结构理论中的牛顿范式情境被进一步消除。

三、一种历时的科学客观性分析

可以看出，无论是对科学事实陈述的客观性辩护，还是对科学理论的客观性辩护，都是一种历时的辩护策略，科学的客观性无法在共时的语境中得到辩护，无论是科学事实陈述还是科学理论，都不具有即时适当性。选取科学史任何一个即时片断，都难以理解传统上我们对科学的一些观念，例如关于科学的客观性，关于科学实在论，关于科学的理性要求。因为，即时地看科学事实陈述、科学理论——而不是放在整个科学史演化的动态历史中，会发现科学事实陈述、科学理论都包含着诸多异质的非理性情境。回顾科学史，甚至许多科学理论都是对自然的错误理解，科学理论的可错性让科学的客观性、科学实在论的主张变得难以维护。但是从历时性的视角看，将科学的历史视为一个动态的发展——而不是片段式地单独取出来看待，只要你承认科学是在不断进步的——事实上这也是很难否认的，那么我们还是能够站在一种历时性的立场上对科学的客观性，包括科学实在论主张进行维护的。

历时地看科学的发展，我们可以看到科学的确是存在着一种渐进式的进步，这种进步包括我们对于科学事实的判断越来越明晰，科学理论中可靠的结论也是越来越多。这种进步源于科学活动中一系列成熟的保障科学理论得以通达本源信息的机制，例如前面提到的科学理论建构过程中的现象剥离机制、经验约束机制、理论竞争机制，这些机制对科学客观性的维护都是一种历时性的渐进趋向，而做不到即时性的随时保证。但只要存在这种历时性的渐进趋向，就不能否认科学活动的合理性，就不能彻底解构科学的客观性，就不能彻底走向反实在论立场。

用历时性的视角看待科学的合理性、进步性、客观性，也渐渐成为社会建构主义批评者的辩护策略，罗杰·G. 牛顿（R.G.Newton）认为科学只能逐渐接近而永不能达到那个大家公开寻找的真理，真理首先是公众的和公开追求的。追求真理和客观性的理念，即科学家不言而喻地所取的和实现的目的和价值，并不总是显而易见地成功的，这也许可以称为“科学态度”。“尽管目前有持续的批评，科学态度仍然大大促进了文明。”① 苏珊·哈克也持相同的态度，她强调并不是所有的科学理论都是由好证据支持的，大多数理论都是由于不再得到证据的支持而被抛弃的，几乎所有的科学理论，在其生涯的某个阶段，仅仅是一些得到细微支持的思索而已，毫无疑问，尽管建立在一些脆弱的证据之上，但一些科学理论还是被接受了，甚至变得根深蒂固。“然而，自然科学已经提出了深层的、宽广的和说明性的理论，而这些理论是深深根植于经验，并且令人惊奇地相互联结

---

① 罗杰·G. 牛顿：《何为科学真理——月亮在无人看它时是否在那儿》，武际可译，上海科技教育出版社 2009 年版，第 8 页。

锁定在一起。”①

苏珊·哈克用猜字谜的游戏来比喻科学的这种历时性的进步，科学就像猜字谜一样存在着主体高度自由度，但这种自由不同于小说家的自由。主体固然可以猜想以任何字为谜底，然而最终只有一个词可以真正彻底解开这个字谜，当然达到这个目的是一个历时的过程，而不可能是“一矢中的”。根据已有的提示，对答案的猜测可能会存在多种方案，但随着提示不断丰富，这些方案的选择会不断被收缩，很显然这是一种历时性的进步，猜字谜游戏中的提示显然对应着科学中的经验现象，一组经验可能会对应多个理论猜测，但随着经验的不断丰富，这些理论猜测会不断趋向收缩，这就是科学历时性的进步，并且迄今为止科学的不断真实的进步确实给这种信念以一定的鼓舞。“随着很长的、更加复杂交叉的纵横字谜的真实填写大大改进了完成更多字谜的前景时，那些成功使得进一步的成功成为可能。科学上的进步崎岖不平，像每个纵横字谜的字词一样，每一步都是易错的和可修改的。但是每一个真正的进步潜在地使得其他的进步成为可能，正如一个充满活力的纵横字谜所起的所用一样—‘一事成功，事事顺利’是应该记住的成语。”②

苏珊·哈克强调科学的进步是可能的，进步可能是细小而渐增的，也可能是巨大而革命的，或者是介于二者之间。它可能是一个愉快的意外或者甚至可能是一个偶然的错误，正如当由于无知或混乱，某个科学家提出了一个与已知事实不一致的猜想时一样，但是，尽管这种情况出现了，这个猜想也根本不是事实。有时候在某些领域，科学探究停滞甚至倒退了，

① 苏珊·哈克：《理性地捍卫科学——在科学主义与犬儒主义之间》，曾国屏、袁航等译，中国人民大学出版社 2008 年版，第 11 页。

② 苏珊·哈克：《理性地捍卫科学——在科学主义与犬儒主义之间》，曾国屏、袁航等译，中国人民大学出版社 2008 年版，第 11 页。

可能只有后来回过头来才能看清楚当时的这个或那个变化是进步的，“大体上以及最后，自然科学的探究都取得了进步。因为它依赖于那些帮助，这些帮助虽然可错、不完善，但通常有助于趋向想象、扩展证据范围以及坚定对证据的尊重。不可能每个步骤都是在正确的方向上的，但是到这些帮助取得一定程度的成功的时候，一般的倾向将会走向更强的经验稳固性以及改进了的说明性整合”①。

在历时性的视角下，就可以对一些社会建构主义的批判给出合理的回应，从而继续维护科学客观性的品格，例如对柯林斯“实验者回归”的回应。柯林斯对科学实验的社会性解读受到多方面的批判。罗杰·G. 牛顿从科学实验的交叉性、多角度检验来说明科学实验的可靠性。他认为，如果实验者仅做一次实验，而且实验者的专门技术和设备的出色由仅有的这一次实验结果来认定，那么柯林斯的实验者回归逻辑是成立的。但是科学中从来不是这种情况。实验者做各种各样的实验，实验者的技巧可以用他们在许多不同例子中的结果来判断。对于因为实验结果的无价值而产生的对实验装置的怀疑，科学中也有相对成熟的解决办法。实验者会尽可能用分别检验装置部件的办法，在它所处的环境下实现所期望的结果。此外，基于目前的知识，实验者可以估计所要求结果可能的大小，这决定了实验装置的灵敏度要求。怀疑只有在类似的实验多次重复后才能解除，或者当实验的理论设想通过其他方式检验而被坚实地确立，怀疑也就消失了。曹天予和成素梅都曾用具体理论与具体实验的不对称性来批判实验者回归命题。他们认为，在科学研究和实验的过程中，运用完全相同的理论 T 校准仪器，然后再用这种仪器检验理论 T 的情况几乎不会发生。大多数情

① 苏珊·哈克：《理性地捍卫科学——在科学主义与犬儒主义之间》，曾国屏、袁航等译，中国人民大学出版社 2008 年版，第 110 页。

况下，校准检验仪器所使用的理论在逻辑上是彼此独立的。查尔默斯强调实验结果不以实验者的意志转移，“实验结果是由物理世界的本性，而非实验者或者解释者所相信或持有的理论所决定的……韦伯从他的实验装置中获得的信号，要是能显示24小时的周期性，他将会深深地热爱之，但是世界并不合作”[①]。鲍尔（H.Bauer）认为实验者回归的争议只会出现在还没有解决争论的研究之中，例如引力波的发现。而在科学中被永久解决的问题，例如化学元素周期表中元素的排列和分组，“只有在并且也有了足够的经验判断的情况下才会一直被认为是解决了的”[②]。他强调，实验和观察毕竟是解决科学争论的唯一方式。

对于科学实验受科学理论指导，故而不能构成理论的客观检验基础的观点，新实验主义提出反对，哈金在对罗蒂的回应中表示，虽然所有的观察和实验都必须用依赖理论的语言表述，但要认识到，实验涉及的不仅是谈论中的世界，还需要实践地作用于世界，实验的进程和结果常常会发生理论无法解释的现象。查尔默斯支持哈金的观点，认为实验结果是由世界存在的方式所决定，而非由告知如何设计或诠释实验的理论或实验者对理论的信仰所决定的。虽然实验装置的细节依赖于实验者在一定理论指导下的判断，但一旦实验装置开始工作，就会是世界的本性来决定指针在计量器上的位置、盖革计数器的滴答声、屏幕上的闪烁等。“正是因为物理世界以如此方式存在，赫兹在1883年所做的实验才没有产生出阴极射线的电磁效应可以检测的证据；正是因为世界以如此方式存在，20年后汤姆生更加精细的设备才产生了可检验的证据。……正是实验结果由世界运作而非实验者的理论观点决定的这一事实，才提供了与世界相对照来检验理论

① 查尔默斯：《科学及其编造》，蒋劲松译，上海科技教育出版社2007年版，第78页。

② 舍格斯特尔：《超越科学大战》，黄颖、赵玉桥译，中国人民大学出版社2006年版，第51页。

的可能性。”①

本节的最后，我们再一次重复我们的核心论点：对科学客观性的维护关键在于论证科学理论能否通达本源信息，所以，我们无论分析科学事实的客观性、科学事实陈述的客观性，还是分析科学理论的客观性，都是从这个角度来进行论证的，从科学事实到科学理论，任何一个环节的客观性与否都不在于是否附载了主观性，而在于能否保障科学理论通达本源信息的通道畅通，科学活动也是一个完整的通信过程，科学的客观性就是保证信宿（主体）能够接收到信源发出的信息（本源信息）。在通信过程中，编码过程和译码过程都包含了诸多异质的主观性，保证通信的成功不在于能否绝对地剔除这些主观性，而在于通过编码过程和译码过程，能否实现通信的成功，甚至在很大程度上正是因为存在某些主观性才保障着通信的成功。当然，必须指出的是，这种成功在很大意义上是一种历时性的趋近态势，而不是一种绝对意义上的真实对应。这就是一种我们之前提到看待科学客观性的中间道路，就是一种在坚持维护科学客观性的前提下为主观性留下存在空间的温和立场。

① 查尔默斯：《科学及其编造》，蒋劲松译，上海科技教育出版社 2007 年版，第 78 页。

第四章　科学哲学研究的信息主义进路

当前科学哲学的研究已逐渐式微，学界对于一些传统的科学哲学问题的兴趣似乎也在不断衰退。当前国内外一些知名的学者似乎更热衷于为科学哲学的研究寻找新的研究领域或者切入视角。例如随着后现代主义思潮的盛行，科学哲学的研究引入了社会学的研究视角，甚至类似于田野式的社会学的研究方式也被运用到科学哲学的研究之中；最近随着大数据的兴起，科学哲学的研究也密切地关注了大数据引发的一些新的科学哲学问题；甚至也有一些学者对传统意义上的科学哲学的发展持悲观的态度，从而将研究领域转移到了社会科学的哲学问题。

任何真正的哲学都是自己时代的精神上的精华，信息哲学的兴起无疑是信息时代的必然精神产物。在信息时代，一切精神活动势必都会或多或少地被打上信息的烙印，科学哲学的研究也不例外。在前面章节我们具体地分析了科学认识过程中的信息演化情况，在本章我们将从宏观的维度探讨信息主义对于科学哲学的影响，这也契合当前科学哲学研究的一种普遍潮流，即上一段提到的新的研究领域或切入视角的引入。

第一节　哲学研究的信息主义转向

当前我们所处的信息时代，除了引发元哲学维度的信息哲学兴起之外，它也导致了哲学整体的一种信息主义趋向。在这里，我们有必要首先对“信息主义”这个词进行解释。

2009 年，肖峰教授在《信息主义的多种含义》一文中对“信息主义”一词进行了词义阐释。在文中，肖峰教授提到学界对于“信息主义”一词的含义具有多种诠释，从英文单词来说，至少有以下三个：“informationalism”，“informatism”，“informationism”。第一个英文单词“informationalism”通常指的是社会观或者历史观意义上的信息主义，来自于信息社会学；第二个英文单词“informatism”通常指的是一种艺术表达方式的信息主义，来自于艺术和诗歌界；第三个英文单词“informationism”通常指的是一种世界观意义上的信息主义，来自于哲学界。①

很显然，本书所讨论的“信息主义”指的是“informationism”，一种世界观意义上的信息主义用法。然而，在世界观意义上谈论“信息主义”也存在着对其不同的理解，理解上的分歧源于对本体论信息的不同认识，这一点我们在第一章已经进行过讨论。例如惠勒的“唯信论”就是一种基于信息主义的世界观，他强调万物源于信息，信息不仅是实在的，而且是唯一的，物质只是信息的派生物，世界先有信息后有物质。我们在第一章中已经对惠勒的此种信息主义立场进行了批判，本书所持的信息主义立场是“物信论”，在存在的意义上强调信息依附于物质，但在物质的规定性上，在事物运动变化上，强调信息的决定性作用。物质与信息彼此不同、共同生成，信息需要以物质为载体，物质的生存发展需要由信息来引导。“宇宙早期微小混沌体内由基本粒子所携带的信息，是相继建造天体系统的基本物质信息。太阳就是通过大量粒子、原子和离子及其统计平均信息的协同控制作用而生产发展的。生物大分子是在粒子、原子和分子的基础

① 参见肖峰：《信息主义的多种含义》，《哲学动态》2009 年第 12 期。

上，叠加核苷酸、氨基酸和蛋白质的更多层次的物质信息系统，其生存发展取决于天地之间诸多复杂因素的长期协调作用”①。

简而言之，对于“informationism”的不同解读，源于对物质、能量和信息的不同认识导致的世界观的差异。仅仅强调三者中一个范畴作为世界的本源，其余二者视为派生，会分别形成“唯物主义”、“唯能主义”和“唯信息主义”，显然惠勒的“唯信论”就是“唯信息主义”，而且这种唯信息主义究其根本属于唯心主义。肖峰教授将物信论视为是唯物论与唯信论的结合，而我们更愿意将物信论视为是唯物论在信息时代的发展。

一、辩证唯物论的发展机遇

马克思主义理论是一种强调发展的理论，天然地拒斥孤立、静止的形而上学观念，这同样适用于马克思主义理论本身。作为马克思主义理论的三大组成部分，无论是马克思主义哲学还是政治经济学，抑或是科学社会主义，都是随着时代发展而与时俱进地发展着的理论体系。作为马克思主义哲学内核之一的辩证唯物论也不例外，发展同样是其重要的理论品格。

首先，辩证唯物论是时代发展的产物，古代科学时期只能产生出朴素唯物论，以牛顿力学为科学范式的近代科学时期只能产生出机械唯物论，19 世纪以三大发现为代表的科学发展自然产生出辩证唯物论。而且，辩证唯物论产生之后，也在不断随着时代的发展而发展，我们对辩证唯物论的理解也在随着自然科学的不断发展而不断深化，例如随着现代物理学的发展，我们对于唯物论的物质的认识从原来具有质量、占有有限空间、不可叠加的微粒实体扩展到了不具有质量、弥散于整个空间、可以叠加的

① 肖峰:《信息主义的多种含义》,《哲学动态》2009 年第 12 期。

场。所以，我们可以肯定地讲，辩证唯物论在当前复杂性科学发展方兴未艾的科学背景下，在信息成为时代特征的时代背景下，必然会生成基于这个时代的新的理论形式和理论内涵。

自然科学在20世纪取得了空前的伟大成就，相对论和量子力学颠覆了近代科学革命以来形成的牛顿力学范式，重建了20世纪之后的科学范式。然而，无论是相对论还是量子力学，究其科学本质，仍然属于科学的还原论传统。20世纪复杂性科学的兴起则打破了近代科学革命以来的还原论传统，其研究领域从物质能量运动扩展到信息运动，从线性系统扩展到非线性系统，从简单性对象扩展到复杂性对象，从分科研究扩展到跨学科、跨领域研究，等等。复杂性科学不仅向长期以来人们习以为常的还原论提出挑战，而且直接导致了社会形态和文明形态的变革，其思想的深刻性、革命性对人类历史影响的深远程度远远超过了19世纪科学的发展。所以，苗东升教授认为："20世纪中叶以来，工业—机械文明已越过它的顶点，开始向信息—生态文明转变。这种变革造就了唯物论又一次改变其形态的历史条件，更准确地说，辩证唯物论走出其经典形态的必要性和可能性历史地具备了。"①

如果说要寻找一个科学概念来概括或者表征当前我们所处的时代之特征的话，非"信息"莫属。信息科学和信息技术的发展直接催生了信息时代、信息社会和信息文明，也孕育了唯物论新的历史形态。辩证唯物论在信息时代亟须发展的核心要义便是纳入信息的哲学内涵，因为这是辩证唯物论的经典形态所忽视的部分。辩证唯物论的经典形态长期以来讨论的都是物质和意识之间的关系，只承认物质和意识的存在，将非物质的存在都归于意识的范畴。信息科学和信息技术的发展使得信息必须作为一种存在

① 苗东升:《评惠勒的信息观》,《华中科技大学学报》（社会科学版）2008年第2期。

形式纳入辩证唯物论的理论体系，信息既不是物质，也不能简单理解为意识，意识是信息的子范畴，信息还包含非意识信息，比如本体论信息。如此，关于存在之间关系的讨论就不是物质与意识的关系问题了，而是物质和信息之间的关系，一切非物质成为信息的范畴，传统上讨论的物质与意识之间的关系转化为物质与认识论信息之间的关系。

所以，发展信息时代的辩证唯物论必须继续坚持辩证法，在信息本体论的意义上继续持辩证的态度。邬焜教授强调辩证唯物论的基本立场是在承认世界的物质统一性的基础上，承认世界是一个多样性和多重性存在的统一体，“并且这些多样性和多重性存在是一个普遍相互作用、相互联系和相互规定，不断生成、运动、变化、转化、演化、进化或消亡的过程”①。统一性的前提是承认多样性和多重性，因为只有在多样性和多重性的差异关系中才能理解一事物区别于其他事物的质的规定性，否则世界上就只能有一种混然不可区分的存在，也就无法探讨统一性的问题。

基于与邬焜教授相同的本体论辩证态度，苗东升教授认为，发展信息时代的辩证唯物论就必须坚持两个基本理论假设：

其一，有物质就有非物质，这里的非物质不等于意识，而是信息。信息包含本体论信息和认识论信息，意识属于认识论信息。本体论信息，主要是本源信息，是作为物质自身否定性一面的存在，与物质同时生成，相比较而存在，相互否定而得以运动发展。

其二，信息的形态是演化的。信息的原初形态（或基本形态）是物理信息，完全依附于物质，是物质的固有属性。没有非意识信息，就不可能演化出意识这种高级形态的信息。从物理信息演化出生命信息，再演化出

① 邬焜：《唯物主义和辩证法的基本观点——基于复杂性和信息思维的新考察》，《西安交通大学学报》（社会科学版）2016 年第 3 期。

神经信息，最终演化出意识这种最高形态的信息，也就是非物质的最高形态，终于实现了信息跟物质的相对分离，信息具有了相对独立性，由此才出现了心物问题。①

总结这种辩证唯物论的基本立场，首先在本源存在的问题上，机械唯物论强调先有物质，后有信息，信息是物质的派生；唯信论强调先有信息，后有物质，物质是信息的派生；唯心论强调先有意识，后有物质，物质是意识的派生；辩证唯物论则认为物质与信息同时派生、相互依存，不存在没有信息的“裸物质”，也不存在不依附于物质的“裸信息”，信息既是物质存在的肯定性因素，表征一事物区别于其他事物的质的规定性，又是物质存在的否定性因素，能够引导一事物向他物转化。

辩证唯物论在信息时代的这种形态的发展是信息科学和信息技术发展的必然结果，马克思、恩格斯、列宁所处的时代，信息还不是一个科学范畴的概念，不能苛求他们预见信息科学和信息技术的发展，更不能苛求他们在当时就提出基于信息的辩证唯物论形态。新中国建设初期，恰逢信息科学和信息技术诞生和快速发展，但彼时信息科学和信息技术还很落后，一时难以从理论上回应迅速兴起的信息科学和信息技术对于哲学所带来的冲击和挑战。

最先洞察到信息科学和信息技术对于哲学的深刻影响的学者，是对信息科学和信息技术发展作出开创性贡献的维纳。他在20世纪40年代提出的著名命题：“信息就是信息，不是物质也不是能量。不承认这一点的唯物论，在今天就不能存在下去。”② 维纳显然坚持的是唯物论的哲学立场，他所认为的不能存在下去的唯物论指的是庸俗唯物论。庸俗唯物论将物质

① 苗东升：《评惠勒的信息观》，《华中科技大学学报》（社会科学版）2008年第2期。

② 维纳：《控制论——关于在动物和机器中控制和通讯的科学》，郝季仁译，科学出版社1962年版，第133页。

视为唯一的存在，将其他存在都简单归结为物质，从而抹杀了世界存在的多样性和多重性。例如，一些庸俗唯物论者曾经试图将意识现象直接归结为物质性的东西，从而取消物质与意识的区别，将精神看作是“脑物质的分泌物”，将“思想对大脑的关系”简单类比为“胆汁对肝脏或尿对肾脏的关系”。

维纳基于信息科学和信息技术提出的唯物论发展路径意义重大，如果不能够将辩证唯物论贯彻到物质与信息的关系之中，面对信息化时代的发展，唯物论很容易不自觉地走向机械唯物论或庸俗唯物论。

“信息、系统、复杂性思想和方法基于对世界的物质性和信息性双重存在模式的规定和认同，更强调从现存事物的结构组织和关系网络模式、生成演化程序和建构过程模式中去把握和描述事物的本质、特点和属性，更强调将现存事物（包括人为设定的符号）的结构、关系、程序和过程作为信息的载体或符码，并由此破译出其中蕴涵着的关于事物历史状态、现实关系、未来趋向等间接存在的内容。另外，信息、系统、复杂性方法还更强调事物及其发展的差异性、变易性、多元协同性、对立兼容性、全息蕴涵性、动态性、演进性、自生性、整体性、非线性、无目的性、不确定性、偶然性和非决定性的韵味。”① 此外，当前的信息、系统、复杂性思想和方法还更多强调整体性和还原性、偶然性和必然性、确定性和非确定性、决定论和非决定论之间的兼容、互补的统一性关系，以及相互作用中的事物自身派生中介，并通过中介相互改变、相互同化和异化信息的性质。

马克思主义的辩证唯物论实现了对人类历史上的唯物论和辩证法的超

① 邬焜：《古代哲学中的信息、系统、复杂性思想的基本特质——希腊·中国·印度》，《江南大学学报》（社会科学版）2009 年第 2 期。

越，同时马克思主义哲学的辩证性、革命性和批判性的本质规定了马克思主义理论自身也应该随着时代的发展自我革命、自我批判，从而实现自我超越。这也是我们提出信息时代辩证唯物论新形态所要实现的目标。当代科学技术、经济和社会的发展正在产生一种全新形态的辩证唯物论，这个辩证唯物论的新形态应该能够真正体现我们所处信息时代的精神精华，并必然会与传统的辩证唯物论具有不同的形式和内容。

二、科学哲学中的信息主义趋向

（一）信息时代的哲学研究转向

在哲学，特别是西方哲学发展的历程中，通常学界认为存在着两次大的转向。第一次转向是由古代哲学的本体论研究转向近代哲学的认识论研究。以古希腊先哲们为代表的古代哲学家主要思考世界的本源问题，从泰勒斯的“水”到毕达哥拉斯的“数”，再到柏拉图的“理念”，无不是对世界本源的思考和猜测。近代哲学家意识到要解决世界本源存在的问题，必须先解决主体如何认识客体的问题，即必须先有一种关于认识世界的理论，并由这种理论为世界本源理论提供保证和合法性根据。第二次的哲学转向是由近代哲学的认识论研究转向了现代哲学的语言学研究。语言学转向发生于 19 世纪末 20 世纪初，这个时期的哲学研究逐渐将语言问题突显出来，哲学家们的工作采用了语言分析的研究方法。现代哲学的语言学转向将古代哲学家关注的本源世界是什么的问题，近代哲学家关注的主体可以认识什么的问题，转向了主体可以言说什么的问题。

哲学的转向当然有其丰富而深刻的思想背景，通常这种哲学运动缘起于社会思想的发展，特别是科学技术的发展。社会思想的变化带来对哲学工作的思想冲击，哲学家关注的哲学核心问题开始转移，审视哲学问题的研究视角开始变化，从而最终形成哲学的转向。学界评判哲学转向通常依据三个标准：第一，哲学研究的核心问题是否发生了根本性的转换，或者是否出现了新的具有重大意义的哲学问题；第二，新的核心问题的转换或出现是否为其他哲学问题的研究提供了全新视角；第三，整个哲学研究的价值取向、根本立场、研究方法是否发生了根本性的转变。

那么在当下的信息时代，哲学研究是否也存在着上述意义的转向呢？对这个问题的思考首先需要审视信息时代的思想特征，然后再来分析当下哲学研究信息转向的意蕴。

信息时代的到来直接缘起于科学技术领域的突破，20 世纪初热力学和统计物理学中熵的概念的提出可以视为信息时代的思想发轫，1948 年申农在通讯领域引入信息熵理论，1956 年布里渊（L.Brillouin）在其著作《科学与信息论》中提出信息就是负熵，20 世纪 70 年代普里戈金（I.Prigogine）在耗散结构理论中提出系统有序演化的前提是需要从外界环境引入一定量的负熵流，同时代的哈肯（H.Haken）在研究协同学理论中提出了信息自组织理论，艾根（M.Eigen）在超循环理论中提出了信息密码子构架的理论，信息化网络理论的发展，信息经济与信息社会的提出，认知科学的信息加工理论等概念的相继提出……世界范围内爆发信息科技革命。科学的理论性和技术的实用性研究及其综合促使了信息世界的发现和发展，哲学研究新的现实语境正在初步形成，山西大学的刘鹏博士将这个现实语境归纳为以下三点①：首先是人类生存方式的全球化的融合语境初步形成。全球化和数字化将世界连接成为"地球村"，这种全球化和数字化趋向使得城市和村落的界限变得模糊，人类最终的生存场景必将发生

① 参见刘鹏：《试论当代哲学研究的信息转向》，《山西大学学报》（哲学社会科学版）2010 年第 2 期。

深刻的变化。虚拟城市和村落塑造出数字化式的新公民。此时社会各种组织、机构及其与个人的关系发生裂变，数字化的相互接通促使人类不断向全球化和地方化融合。其次是人类生活的数字化交流语境初步形成。我们直接面向海量数字化信息的包围和侵扰，我们不得不反思数字化所具有的“拉平”现象或者各种“数字化陷阱”，数字化信息将国家、政府、企业与个人紧密地结合起来。数字化使得人类生活没有了不可逾越的鸿沟和界限，“全球化”的交流语境包围我们每一个人。哲学研究必须面对信息的到来，因为我们需要数字化自由的实现。最后是人类价值的虚拟化社会语境初步形成。数字化时代的价值越来越多地以各类数字化现象表现出来，纯粹的数字化现象与场景净化了价值，摆脱了价值生成和价值表达对于实体现象的完全依附，数字化的贯穿、聚合真正体现出数字化时代价值转向的价值特征。各种数字化现象是数字化时代价值现象得以存在和展开的社会基础。数字与数字的直接接触提高了人类的生产、生活效率，人类社会通过“数字化杠杆”来实现和完成各项任务。虚拟交往、远程交往、穿越职业和社交情境的在线交往弥合了时空之间的距离，缓解了真实世界的“逼迫效应”。

当代哲学研究现实语境的三大变化，使得“信息”逐渐走到哲学研究领域的中心，成为哲学反思社会的重大话题，同时哲学研究的旨趣正逐渐发生着信息转向。

20 世纪中期以来，信息问题成为众多科学家、哲学家关注的焦点，诞生的各种与信息相关的理论学说不胜枚举，而且这些理论已经渗透到有机与无机领域、生命与非生命领域、自然科学与人文学科领域，这充分说明信息问题已经成为当代哲学研究的中心问题。这种哲学研究向信息问题集聚的趋势表现为：哲学研究的诸多问题逐渐都可以归结到信息问题，也就是说信息问题逐渐成为所有问题产生的源头。在学界真正将这种当代哲学研究趋势明确提出来，并上升为一种自觉的哲学研究路径的是国内的邬焜教授和国外的弗洛里迪教授，两位哲学家的工作为哲学研究的信息转向开出了两条不同的研究方向。

基于 20 世纪信息科学和信息技术的迅猛发展，当然最主要还是得益于以申农的信息论为代表的信息自身理论的不断成熟，国内哲学界以邬焜教授为代表的一些学者敏锐地捕捉到信息作为一个哲学概念的深刻内涵及无限外延可能。邬焜教授在 20 世纪 80 年代初就开始了关于信息哲学的探索，21 世纪初邬焜教授的信息哲学体系初步形成，这个被邬焜教授视为信息时代全新哲学的理论体系从元哲学的高度定义了信息哲学，该体系包含了信息本体论、信息认识论、信息价值论、信息方法论，还延伸到了信息生产论、信息社会论、信息进化论，如此庞大理论体系的构建，让邬焜教授的工作受到国内外学界的广泛关注，成为当前信息哲学领域的重要流派。

英国牛津大学的弗洛里迪在 20 世纪 90 年代长期关注计算机科学和技术、信息科学和技术，以及信息社会的发展状况，提出了基于信息时代的信息哲学研究纲领，说明信息哲学作为独立的哲学研究方向何以可能的问题。2001 年 8 月，弗洛里迪在美国卡耐基-梅隆大学主办的计算机与哲学大会的司马贺计算与哲学讲座上发表了题为“信息哲学的若干问题”的演讲，在这篇演讲中弗洛里迪为信息哲学的研究提出了 5 个研究领域，包含 18 个大的研究问题，各个问题被归入语义、智能、自然和价值 4 个方面。

国际哲学界在 2003—2004 年研究中认为：“计算为哲学提供了这么一套简单而又令人难以置信的丰富观念，计算为传统的哲学活动带来了新的机遇和挑战，计算正在改变着哲学家理解那些哲学基础和概念的方式。哲学探究中的这股思潮吸收了根据计算的主题、方法或模式，正稳定地迈向前方。这个新的领域已经被定义为信息哲学。”① 近年来出现的诸多前沿的哲学研究进路，如数字哲学、计算机哲学、赛博哲学、网络哲学等，都表现出一种类似于弗洛里迪研究进路的哲学旨趣。弗洛里迪提出的信息哲学研究新范式通过人与计算机的类比，探讨用计算机模拟人类心智的可能性以及有关的哲学问题，进而成为解决传统哲学问题的新方法。很显然，“当代哲学研究的主题、取向和方法正在发生变化，信息转向的理论旨趣正在逐渐成为哲学发展的主流方向”②。

当代哲学研究的信息转向对于今后的哲学研究有着深远的影响。美国著名哲学家丹内特（D.C.Dennett）预言“信息的概念有助于最终将心、物和意义统一在某个单一理论中”③。哲学研究信息转向的重大意义在于“它将用信息的尺度促使传统的哲学世界观、哲学研究对象、哲学方法论、哲学思维方式和基本的话语方式等发生深刻变化”④。

首先，哲学研究的信息转向将给哲学世界观带来深刻变化。这个变化表现为哲学家对于世界本源的本体论问题进行重新审视，哲学家对于世界本源的思考纳入了新的存在概念——信息。早在 20 世纪 80 年代初，英国哲学家埃文思（G.Evans）便提出知觉经验先于概念内容，概念内容是基于知觉经验的判断，知觉经验仅仅是一个信息状态，只具有非概念内容。国际知名哲学家达米特（M.Dummett）在其著作《分析哲学起源》中提到：“有一个比知识更天然和更基础的概念，对此哲学家已经花费了不少气力，

① 刘钢：《哲学的“信息转向”》，《江西社会科学》2004 年第 2 期。

② 刘鹏：《试论当代哲学研究的信息转向》，《山西大学学报》（哲学社会科学版）2010 年第 2 期。

③ D.C.Dennett and J.Haugeland, *“Intentionality”, in R.L.Gregory(ed.) The Oxford Companion to the Mind,* Oxford: OUP, 1987.

④ 刘鹏：《试论当代哲学研究的信息转向》，《山西大学学报》（哲学社会科学版）2010 年第 2 期。

这个概念便是信息。”① 在信息转向的哲学研究中，哲学家将“意义”的研究转向“信息”的研究。这意味着哲学研究对于信息的认识从之前的认知体系转向了更为基本的本源存在，从强调信息的方法论意义转向了对信息本质的研究，强调信息是否属于基始的研究。今天的哲学家们之所以将信息哲学上升为“元哲学”、“最高哲学”、“第一哲学”的高度，其依据正是在于信息的本体论意义。

其次，哲学研究的信息转向将促使哲学关注的对象从实体性世界转为信息世界。作为元哲学的信息哲学将从存在论意义上分析信息的本质规定性，继而进一步确立新的哲学体系中的哲学基本问题、本体论、认识论、价值论、方法论，以及关于演化发展的观念。哲学的思维方式将由认识和处理单一实体性世界的“主体—客体”两极思维框架转变为认识和处理现实和虚拟双重世界的“关系—对象”复杂思维形态。这也必将导致哲学话语方式的深刻变化，非实指的、指涉“关系—对象”范畴的现象学方法话语方式将替代实指的、指涉“主体—客体”框架的传统话语方式。

最后，哲学研究的信息转向将促使哲学研究方法发生深刻变化，传统哲学研究方法将被信息方法改造，物质、能量和信息将被置于信息哲学的理论框架，逐渐形成统一的信息理论。在统一的信息理论之上，演化出一种基于计算基数的信息理论哲学方法，进而解释和处理信息圈和信息社会中出现的哲学问题，既包含传统的哲学问题也包含新涌现的哲学问题。此种意义上的哲学方法主要用于分析、解释和评价信息的本质规定性、信息运动的动力学机制及其运用，最为重要的是分析在信息环境中涌现的系统问题。同时，计算和信息技术将深刻地改变哲学家的活动方式，哲学研究将突破传统个性化、天才式的研究模式，基于计算和信息技术的职业性人

① M.Dummett, *The Origin of Analytic Philosophy,* London: Duckworth, 1993, p.136.

群集体涌现将成为新的哲学研究模式。

哲学研究的信息转向在邬焜教授看来有着更为深层次的意义，他认为西方哲学传统中的物质和精神二元对立状态随着上帝退场后出现了困境，因为上帝的退场导致了人类精神找不到了外在原因。在此种情况下，一些持极端观点的哲学家只能从意识内部去寻找解释意识的原因，本体论问题则被拒斥或悬置。邬焜教授认为，解决上述哲学困境的关键并不在于拒斥或悬置本体论问题，而恰恰在于重建哲学本体论，也就是说在上帝退场之后，如何重新找到人的意识发生的本体论根基。“在这里，一个最切实的路径便是，怎样把物质和意识的关系描述为一个相互作用、相互转化的发展着的过程，从而按照宇宙事物进化的方向，按照认识发生的实际情景，合理地解释意识发生的一般过程和机制。”①

邬焜教授认为哲学的信息转向便是解决上述哲学危机的关键路径，当然从某种意义上讲哲学的信息转向也正是上述哲学危机发展到当代的必然结果。在邬焜教授的信息哲学体系中，世界由物质和信息两大领域构成，物质和意识之间通过自在信息的中介相互过渡和转化。这样一来，物质和意识的关系就不再是简单的纯粹对立的两极，而是通过自在信息的中介关联起来，从物质到精神、从精神到物质便可以描述为一个有中介的相互作用和相互转化的过程。“信息世界的发现，弥补了上帝退场后的物质和精神关系的空缺，只不过，这一空缺的弥补并不是通过引入一个什么神秘的客观精神的力量实现的，而仅仅是由客观物质世界自身的活动所派生的另一个非物质的客观信息的世界而实现的。”②邬焜对于信息哲学体系的建立

① 邬焜：《从信息世界看哲学的发展及其根本转向》，《中国人民大学学报》2014 年第 3 期。

② 邬焜：《从信息世界看哲学的发展及其根本转向》，《中国人民大学学报》2014 年第 3 期。

为变革哲学的其他领域提供了一个统一基础，也为哲学认识论的变革提供了一个统一基础。

（二）科学哲学研究的信息转向

哲学研究的信息转向是否也会体现在作为其分支的科学哲学领域？回答是肯定的。科学哲学研究中的信息转向是一种必然，这种必然性既来自科学的发展，也受到哲学研究范式的指向。科学哲学的研究毫无疑问地会受到其研究对象的变化而变化，所以信息时代的科学发展必然会带给科学哲学研究的信息转向。另外，哲学的信息转向带来的是整个本体论、认识论、价值论、方法论的转换，哲学整体范式的转换必然会深刻地影响哲学下属分支学科的研究方向。

哲学研究的信息转向主要缘起于信息科学、信息技术的突破和发展，此种转向也反过来对科学的发展造成深远影响。

首先，信息哲学带来的思想变革使得自然科学自觉地采用信息的思维来重新审视和研究传统的学科理论和内容，如此便赋予了传统学科某种崭新意义的全方位改造或全新意义阐释，邬焜教授将这一科学发展的全面信息化过程称为“科学的信息科学化”[①]。传统的自然科学学科物理学、化学、生物学等兴起了物理信息学、化学信息学、生物信息学等，据统计，若包含社会科学的话，大概已经出现了50余种部门信息学。各门信息学除了应用计算机等现代信息技术手段来研究相关学科的内容外，还包含了从信息的视角对自然的不同物质对象进行研究的信息转向，甚至导致了关于自然本质和物质构造上的信息主义解释。例如兴起于20世纪90年代的量子信息学将“信息”的概念外延到量子的范围，如此一来

---

① 邬焜：《科学的信息科学化》，《青海社会科学》1997年第2期。

“量子”便成为了信息的子范畴，在信息的视角下量子现象的神秘性就似乎变得容易理解，量子理论也就不再是描述粒子、波，或者场的运动属性的理论，而是描述信息的理论，甚至整个物理学也可以被视为是对信息的描述，“想象信息位于物理的核心，正如它处于计算机的核心，也不是没有理由的”①。

科学发展的信息转向还表现在科学研究类型的转移，因为信息科学和信息哲学揭示出信息形态的存在，所以科学研究就从传统的物质科学转移到了意向性科学。“意向科学随着物理理论的发展而出现，它处理符号、指称和解释，像逻辑、认知科学、心理学、神经科学，部分的生物学和计算学。这些新的科学正在改变我们关于实在的概念以及科学和实在的关系，实在论和形而上学正在被修正。科学家开始探索规范和价值的领域，而传统上它们是属于哲学或宗教的领域。”② 认知哲学的兴起使得“认知”这种特殊的信息活动成为科学研究的对象。意向性科学的中心话题就是“信息”或“计算”，并且认为心智的状态就是计算的状态，将意识认为是一种可以计算的过程。认知科学预设心脑活动是可以计算的，既然可以计算那么就可以由计算机进行模拟。极端的观点甚至认为人工智能的提出使得物理、生理和心理的界限变得不再必要，人工智能为科学追求的统一性问题找到了新的理论基础。

我们不能仅仅因为科学的研究将信息作为中心议题，就因此判断将科学视为研究对象的科学哲学研究也实现了信息转向。科学哲学的信息转向除了科学本身的信息转向之外，更重要的是哲学研究范式的变化。这种变

---

① A.J.Wheeler and K.Ford, *Geons, Black Holes and Quantum Foam: A Lie in Physics,* New York: W.W.Norton & Company, 1998, p.340.

② G.Dodig-Crankovic, “Shifting the Paradigm of Philosophy of Science: Philosophy of Information and a New Renaissance”, *Minds and Machines,* No.4, 2003.

化带给科学哲学的是本体论和认识论意义上的信息转向。对比本体论和认识论的信息转向，可以认为本体论的信息转向是比认识论的信息转向更为激进或彻底的信息主义立场。

认识论的信息转向主要指的是用信息的思维或者视角来重新审视科学哲学的工作，并不会在存在意义上否定或者颠覆传统科学哲学研究的本体论立场。认识论的信息转向通常将科学活动中主体的认识过程视为信息活动的过程，通过信息的思维和视角来挖掘科学哲学研究的新的增长点或者对传统的科学哲学问题提出有启发性的解决思路。事实上在科学哲学发展的早期，即逻辑经验主义时期，分析哲学家们对科学命题的语言分析就属于基于信息思维的认识论研究，例如逻辑经验主义的代表人物卡尔纳普（R.Carnap）就声称自己是信息论学家，他非常关注语义信息的问题，试图将申农的信息论引入人类领域。这种分析哲学传统认为所有科学知识都需要表现为语言系统，通过考察科学语言内在的结构及运动，从而分析它们如何从形式上制约着科学理论的进步和演化。在分析哲学这里，哲学的最根本的任务和实质就是进行这样一种语言分析。“这无疑是从信息活动的一种特殊形式——语言——来重新归结科学认识的内在机制，关注的焦点从先前的存在论和认识论转到了语言论，目的是通过分析语言达到对世界的认识，而并没有把科学对象和科学事实本身，从而把整个世界归结和还原为语言信息。”①

认识论的信息转向对于科学哲学研究来讲在某种意义上都谈不上“转向”，因为科学哲学发展早期就主要是进行语言分析，所以也就不存在此种意义的转向。科学哲学的信息转向主要指的是本体论意义上的信息转向。关于信息的本体论讨论，我们在本书的第一章已经进行了深入

---

① 肖峰：《科学哲学中的信息主义趋向》，《自然辩证法通讯》2008 年第 5 期。

的分析，此处不再赘述，惠勒的“万物起源于比特”就是极端的本体论信息转向。极端的本体论信息转向将科学的对象视为信息存在，采取还原的方法将科学的对象和事实归结为某种信息。例如，量子力学的哥本哈根学派解释主张不能离开测量来谈微观粒子，认为主体与研究对象打交道无非是同科学实在的信息呈现打交道，甚至认为测量就是微观粒子本身，不进行测量和观察，对象就不存在，也就是将科学对象完全归结为仪器呈现出来的信息存在。近年来出现的认知可计算主义也是这种极端的本体论信息转向，强计算主义可以被视为毕达哥拉斯的“万物皆数”的当代版本，宇宙的一切过程皆为计算，我们所处的世界需要从计算的视角来看待，“自然界这本大书是用算法书写的”，“宇宙是一个巨大的计算系统”。于是整个世界都是由算法所控制，并按算法所规定的规则演化的。宇宙是一部巨型的计算装置，任何自然事件都是在自然规律作用下的计算过程。现实世界事物的多样性只不过是算法的复杂程度的不同的外部表现。“整个世界的演化：从虚无到存在，从非生命到生命，从感觉到思维，实际上都是一个计算复杂性不断增加的过程。”① 不仅生命和思维的本质是计算，自然事件的本质也是计算。计算已不仅成为人们认识自然、生命、思维和社会的一种普适的观念和方法，而且成为一种新的世界观。

很显然，极端的唯信论立场不是本书的立场，也是本书极力批判的一种哲学观点。但本体论的信息转向并非一定要选择极端的唯信论立场，将实体和信息视为世界的共同本源，保留实体作为信息载体的本体论地位，如此则上述谈到的本体论意义上的信息研究就可以在信息转向的同时保持理论的合理性和适当性。

---

① 郝宁湘：《计算：一个新的哲学范畴》，《哲学动态》2000 年第 11 期。

第二节　科学实在论的信息主义诠释

从信息的角度来考察科学哲学的研究，对于科学哲学关注的一些中心议题而言无疑是提供了一种新的思考路径，这或许有益于科学哲学界对于传统热点问题的推进，至少从某种意义上讲这种多维度多视角的对于同样问题的审视，有助于我们对于一些问题看得更加清晰，这对于一些哲学立场的维护是提出了新的辩护策略或路径。

学界信息主义的倾向也好，或者像邬焜教授那样直接从元哲学的维度构建信息哲学体系也好，都是本体论、认识论、方法论的转换。这种根本性的转换使得我们看待科学哲学研究的一些传统热点问题时，会突破传统的研究视角和路径，实现一种根本性的范式转换。在信息主义或者信息哲学的范式里，传统的科学哲学问题会呈现新的表述形式、新的诠释方式、新的辩护策略。例如，长期以来成为科学哲学研究争论焦点的科学实在论与反实在论的对立，在信息主义的视角下，就会呈现新的论辩诠释。

一、科学实在论与反实在论的信息主义诠释

科学实在论与反实在论（准确地讲是反科学实在论）的争论是科学哲学发展过程中很大的一个论战域，它的兴起源于 20 世纪 80 年代以来诸多反实在论版本的不断出现和活跃。二者的论战不断变换形式，并延续至今。要搞清楚二者争论的核心议题及分歧所在，首先必须对二者涉及到的基本哲学概念进行鉴定。

（一）对“实在”的思考

关于“实在”的定义，可谓五花八门、形形色色，囿于这种哲学基本概念的争论无益于我们此处问题的解决，所以不妨借鉴李醒民教授的思路，尽管诸多“实在”的定义并不相同，但他们指称的哲学对象是可以大概进行区分的，我们不去纠缠哪些对象应该进行如何的哲学归类，而是在我们自己的认识体系中进行区分即可。李醒民教授将实在归类为四大部类：本体实在、常识实在、经验实在和理论实在。① 需要指出的是，李醒民教授的归类是从认识论的角度进行的，而非本体论的角度，因为从本体论的角度讲经验、理论都不是严格的本体论范畴。

本体实在被李醒民教授认定为相当于康德的“物自体”，是独立于主体意识之外的存在，可以是实存，也可以是潜存，但不属于不可知的范畴。本体实在具有形而上学的性质，即无法用科学方法证实或者证伪，然而它在科学中又是必不可少的。在科学研究中，本体实在不是上行走向纯粹的形而上学，而是下行走向科学化和理论化，走向科学的研究纲领。因此，本体实在是具有形而上学思辨色彩的科学信念或科学预设，但同时它也是科学研究的目的。在关于本体实在形式的认识上，李醒民持多元的观点“对于科学中的本体实在，我们抱持一种开放的襟怀和宽容的态度。不论它是实体、关系、秩序、过程、事件、能量、信息、数学元素等，只要它能作为研究纲领，行之有效就行。”② 从李醒民教授的定义来看，本体实在对应本书中的提到的实体和本源信息，而且也提到了潜存的实体和本源信息，这与本书在第一章中的论述是立场一致的。李醒民教授抱持的多元本体实在的态度也和我们信息本体论的立场一致，只是李醒民教授对信息

---

① 参见李醒民：《再议科学实在、科学实在论和反实在论》，《哲学分析》2012 年第 1 期。

② 李醒民：《再议科学实在、科学实在论和反实在论》，《哲学分析》2012 年第 1 期。

的认识和我们有所差异，我们将关系、秩序、过程、事件、能量、数学元素等都视为了信息的范畴。在本书的本体论体系中，李醒民教授的多元本体实在对应实体和本源信息，本书强调本源信息是科学认识的对象，我们不否认实体的本源本体地位，但实体基本只具有信息载体的意义。

常识实在是另一个层面的实在范畴，李醒民将其定义为人们直接感觉到的、未经深思和批判的客观实在。常识实在是普通人的实在观，属于朴素实在论范畴。例如我们看见的蓝天白云、绿树红花、桌椅板凳、美酒佳肴，或者听到的百鸟争鸣、雷声隆隆，或者太阳东升西落、月亮悬空高挂，都属于常识实在的范畴。李醒民教授所定义的常识实在是本书所鉴定的客观事实或科学事实，是现象层面的客观存在，是信息的显示或反映。

李醒民教授用经验实在定义主体感官系统接收到的客观存在，当然也包含了通过各种中介工具，例如实验仪器，感觉到的实在，电流、光谱、河外星云、生物细胞等就属于此种意义上的存在。从定义上看，李醒民教授并没有在经验的层面区分语法信息和语义信息，如第二章我们分析的那样，语法信息到语义信息的演化附加了主观性，“观察渗透理论”就发生在这个过程中，图 2.5 就是对这个情况的说明。也许李醒民教授认为在科学实在论的讨论领域没有必要进行这种区分，所以他虽然定义经验实在为“通过感官直接感觉的实在”，但也提到了“与常识实在不同，经验实在是经过一定的理性思考和批判的，因而感觉并未停留在表现的感觉之上，而是渗透理论的观察——太阳不是绕地球东升西落而是地球绕太阳公转，重物和轻物同时下落”①。

理论实在是物理学中的实在，或者广义地讲是科学中的实在或科学实在。它是物理学或科学的一些基本概念和物理量所指称的东西，是物理学

① 李醒民:《再议科学实在、科学实在论和反实在论》,《哲学分析》2012 年第 1 期。

理论或科学理论的本体论。科学家构建理论实在的目的是与本体实在相关的，虽然这一点并不被一些反实在论者认同。理论实在要追求与本体实在的对应，当然这种对应关系不是简单的、朴素的类似于“镜像反映”的对应，而更像是一种同构关系，或者融贯式的理解，或者模型式的隐喻，或者是萨普（F.Suppe）所谈到的地图对应：“理论是一簇模型，是一幅关于客观世界的地图，至于是否正确地反映客观实在世界，只要理解地图的作用就可以清楚了。地图是一种指南，有各种地名、交通道路、河流等，但它并不完全就是客观实在世界本身。”① 对理论实在和本体实在的此种关系李醒民教授有着很深刻的认识，他提到理论实在对应本体实在但绝不等于本体实在，而且理论实在绝不可能毕其功于一役地穷尽本体实在。“理论实在是在经验事实的提示下，通过思维的自由创造和理智的自由发明得到的，是用文字或数学符号的形式表示的。理论实在不是一成不变的，而是随着科学的进化而进化的（比如从质点到原子再到夸克），因为我们只能从感觉经验间接地得到关于本体实在的知识，所以不得不借助思辨和理论构造把握本体实在。理论实在的每一次进化，都是统一性和简单性程度的进一步提高，都更加远离直接经验。然而，正是这种提高和远离，才使得它能够更深刻地把握本体实在，更进一步逼近本体实在。”② 李醒民教授对于理论实在的认识与我们在第三章对科学理论的分析是立场一致的，我们将科学理论视为对本源信息的译码结果，译码当然是对信源——本源信息的对应，但因为主体不了解本源信息的编码规则，所以译码过程就不具有绝对的逻辑通道，只能是融合了丰富的、复杂的诸多异质因素的猜测，但这种猜测不是毫无根据的、天马行空的胡编乱造，而是有着严格理性标准

① 郑祥福：《科学实在论在当代的发展》，《哲学研究》2012 年第 10 期。

② 李醒民：《再议科学实在、科学实在论和反实在论》，《哲学分析》2012 年第 1 期。

和要求的，在严格科学规范下进行的主体建构。

李醒民对理论实在进一步进行了深入的分析，提出了理论实在多种维度的哲学内涵，也在这些内涵分析中阐述了他的科学实在论立场。

首先，理论实在具有建构性。正如前面所言，理论实在是科学家不了解本源信息编码规则情况下的译码结果，译码过程中包含了丰富的、复杂的异质因素。理论实在具有虚构和约定的成分，是思维的自由创造和理智的自由发明。

其次，理论实在具有真理性。理论实在虽然是主体的建构，但也不是纯粹的虚构或乌托邦式的幻想，而是对准本体实在并逐渐逼近它的。因此，以理论实在为基本概念而构造的科学理论具有近似的确实性和相对的真理性。独立于主体之外存在的客观事物并不是将它们的各种形态都完全显示在主体面前，它们总是将某些方面隐蔽起来，但这些隐蔽的东西能够随着时间的推移被主体逐步发现，而且这种逐步“解蔽”的过程也相当程度上是源于科学活动。

再次，理论实在与本体实在具有某种同构关系。理论实在作为对应本体实在的目标被提出之后，还要面对科学活动中交叉性、多角度的科学检验，因此理论实在与本体实在在某种程度上具有对应关系乃至同构关系。对于这种同构关系，爱因斯坦比喻为：“这种关系不像肉汤同肉的关系，而倒有点像衣帽间牌子上的号码同大衣的关系。”①

最后，理论实在具有可进化性和可进步性。虽然理论实在有可能是实存的或潜存的实在，也可能是一种工作假设。但是随着科学的发展，一些这样构想的理论实在也有可能由工作假设变为可信的科学概念，甚至在有

① 爱因斯坦：《爱因斯坦文集》（第一卷），许良英、范岱年编译，商务印书馆 1976 年版，第 345 页。

限程度上被当作现实存在看待。而且，理论实在伴随着科学的发展不断进化，它每向统一性和简单性的方向进化一步，也就是向本体实在更逼近一步。李醒民教授认为，理论实在也应该被视为实在的，就像本体实在那样，因为它毕竟是对本体实在在某些方面越来越近似的摹写。

（二）科学实在论的立场

追求理论实在与本体实在的镜像符合是科学实在论的最强纲领，但这显然是无法达到的，纵然是最坚定的科学实在论者也不可能为此而辩护。那么科学实在论又是在何种意义上成立呢？

科学实在论有两个基本信条：其一，已经确立的科学理论中所指称的那些东西的确存在；其二，科学理论中包含的陈述或真或假。史密斯（P.Smith）将这两个信条称为指称问题（problem of reference）和述谓问题（problem of predication）。这两个信条虽然不同，但并非完全分离，因为说明一个陈述为真是什么的一种方式就是表明事物如何能够像该陈述说它们存在那样存在于世界中。

劳丹区分了三种实在论，第一种是本体论的实在论，即认为世界客体具有独立于主体之外的确定性或客观性。因为我们只有假定科学家并不是在虚构他们的工作，科学的成功才能予以解释。第二种实在论是所谓语义学的实在论，这种理论断定科学理论、科学定律和科学假设是关于世界所作出的或真或假的断言。语义学的实在论对科学理论的语义学作出了唯一一个连贯的叙述。科学理论的行为与定义或约定或规定不一样。理论的行为如果与它们一样的话，在科学史上我们就不必去做那么多的理论修改甚至革命，而我们通常是没有必要去改变一个术语的定义的。第三种实在论是认识论的实在论，这种理论认为我们有权将得到最好确证的自然科学理论接受为真。劳丹接受前两种科学实在论立场，而拒斥第三种认识论的实在论，因为这种理论过于乐观，科学理论可能永远达不到绝对真理的境地，这已经一次次地被科学史所证实。

郭贵春梳理了科学实在论的八个特点：（1）科学理论所描述的实体是独立于我们的思想或理论的信仰而客观存在着。因此，科学理论构成了真正的关于存在的主张。（2）科学理论的语词（即非观察语句）应作为特定假设的相关表达方式来考虑。这就是说，科学理论应当实在地被解释或说明，而不能停留在理论语词上仅仅作概念化的描述。（3）被实在地解释的科学理论是可证实的，而且事实上，由于被一般的科学证据表明与一般的科学方法论标准相一致，理论也常常被证实为接近于真理。（4）一个理论接近真理，是对其预言成功的最充分的解释；而一个理论预言成功，则是核心术语的实在的可参照性成功的证据。（5）成熟科学的历史进步，表明了无论是对于可观察的还是不可观察的现象来说，科学理论都成功地、更精确地接近于真理，即对物理世界真正根由的进步性的接近。（6）在任何成熟科学中，成功的理论，都表明它与前理论保持着相关的逻辑联结，即后理论是典型地建筑在前理论具体化了的（观察的和理论的）知识基础上的。因此，前理论将成为后理论的一个特例。（7）一个可接受的新理论应当解释为什么它的前理论到目前为止是成功的，以及它为什么能够取而代之的逻辑根据。（8）科学的目的在于探索一种确定的和真正的对物理世界的说明，而且它的成功将由它向其目标的进步来评价。也就是说，科学（给出了详尽的解释和精确的预测）的经验的成功相应地提供了对实在论的严格的经验证实和逻辑证明。

通过上述的分析，科学实在论的立场在信息主义的视域下可以如下诠释：（1）本源信息是本体论意义的存在，它可以独立于主体客观存在。（2）作为语义信息的科学理论是对本源信息的假设，这种假设可以为真也可以为假。（3）作为语义信息的科学理论不仅仅限于对语法信息进行语义陈述，其核心目的在于通达语法信息中隐藏的本源信息。（4）从本源信息到科学理论，信息在传递过程中存在各种形式的变换和演化，但科学方法论能够保证科学理论通过自身的发展逼近本源信息，并且科学方法论是合乎逻辑和理性的。（5）发展中的科学理论对本源信息的不断逼近，是科学进步的标志和目的。（6）科学理论对本源信息的逼近通常由不断丰富的本源信息的显示和反映来判断。

（三）反实在论的多种进路

同科学实在论一样，反实在论也存在着多种版本，通常来说可以归结为三个范畴：本体论的反实在论、语义学的反实在论、认识论的反实在论。

我们上面提到，科学实在论的立场首先是承认本源信息的本体论地位，并且承认其独立于主体意识的客观性。而本体论的反实在论则否认这一点。有的本体论的反实在论直接否认本源信息的存在，他们只接受现象层面的本源信息的显示和反映。而有的本体论的反实在论虽然承认存在本源信息，但他们不承认本源信息的客观性，认为本源信息源于主体与客体相互介入后的涌现。

语义学的反实在论不否认本源信息的本体论地位和客观性品格，但是他们否认理论实在是对本源信息的指称。他们认为所谓术语的指称，只能是理论与现象的对应，即作为语义信息的理论实在只能对应本源信息的显示和反映，而不能对应本源信息。例如，他们认为类似于“电子”这样的术语并不能指称某种微观尺度上的实在的实体，我们在谈论“电子”时只是在谈论各类观察的速记方式。操作主义是这种反实在论立场的进一步发展，他们主张理论术语是借助人们用来测量某种结果的操作定义。例如，电荷是用仪表指针的运动或物体某些类型的偏转来定义的。所以，在语义学的反实在论者看来，科学理论可以是真的，但这种真的东西不是对本源信息的对应，而是观测中的模式。

认识论的反实在论否认科学理论能够把握或通达本源信息，他们认为我们不能将“有用”等同于“真的”。很显然，范·弗拉森的建构经验论是此种反实在论版本的典型代表。范·弗拉森的主要观点我们在本书前面已有阐述，此处不再赘述。

后现代主义的两股思潮社会建构论和相对主义被李醒民教授视为科学实在论的死对头。在科学实践哲学那里，所谓世界的现象层次已经不是与主体相孤立而对的静态世界的呈现，而是经由主体介入、与主体发生过相互作用之后的现象呈现。同时，我们的科学理论也不再是主体对于客体的静态反映，而同样是主客相互作用后、与经验现象同时涌现的一种实践的结果。“我们的知识与我们的世界之间的关联，是在机器操作与概念操作之间的相互作用式稳定中建造起来的。物质的世界与表征的世界的联合，支撑起特定的事实和理论，并且给予这种事实和理论以精致的形式。”[①] 然而，如果把世界与知识都视为实践过程中处于永恒流变状态的存在，那么科学实在论对于不可观察的理论实体的论证就将失去理论基础，而与经验主义相对的理性主义也被视为虚幻的东西被彻底抛弃。

科学实践哲学认为，一旦主体与客体、社会与自然无法区分，那么科学哲学中一些争论的问题就被消解，比如科学实在论与反实在论的争论。既然科学实践哲学彻底摈弃了理论与自然之间的表征意义，将一切都在实践的意义上分析和理解，那么科学实在论与反实在论争论的起点就不复存在。因为科学实在论与反实在论争论的核心就在于理论实体与客观自然之间的关系问题，科学实践哲学直接消解了理论与自然的区分，那么关

① 安德鲁·皮克林：《实践的冲撞》，邢冬梅译，南京大学出版社 2004 年版，第 217 页。

于二者之间关系的争论自然也就成为无根之木、无源之水。皮克林对此点有过明确表述，“冲撞意义上的实在论关注机器操作和表征链以及在时间演化中操作和表征链如何彼此联合；传统哲学的实在论则驻留于知识和世界本身之间的无时间演化的反映关系。为表明这种不同，我称冲撞意义上的实在论为实用主义的实在论。通过为科学知识如何与我们的世界发生关联提供其自身独有的答案，冲撞在起点上就窒息了探寻反映论问题的任何冲动”①。

科学实践哲学认为科学理论同科学研究的对象相互作用、相互介入、共同生成，所以反实在论所坚持的理论实体在自然界不存在对应物的观点自然是科学实践哲学所反对的，皮克林认为当我们从表征语言描述转向操作语言描述时，我们的知识与我们所建造的世界就可以关联起来，只是这种关联已经不再是表征意义上的镜像的关联，而是一种在实践操作过程中主体与客体通过相互作用、相互介入后稳定下来的一种关联，即主体与客体在相互作用的实践中相互鉴定着对方，二者的关联是一种基于实践中的操作关系，所以皮克林称他的实在论为“实用主义的实在论”②。科学实践哲学同时也是反实在论的，因为完全颠覆了科学中表征意义的合法性，所以科学实在论所坚持的理论实体与某种独立于主体的客观自然具有对应关系的观点就是科学实践哲学所摈弃的，因为科学研究的对象是不可能独立于主体之外的。“我们达到一种无疑义的反实在论。谁能知道对于我们的世界，我们能够有多少种不同的机械性的理解和把握（每一种理解和把握都是事实、理论及本体论的相互作用式稳定）?”③在任何时候，知识的功能都不仅仅是对于世界的描述，“更是对世界给出作为社会的、学科的、

① 安德鲁·皮克林：《实践的冲撞》，邢冬梅译，南京大学出版社 2004 年版，第 28 页。

② 安德鲁·皮克林：《实践的冲撞》，邢冬梅译，南京大学出版社 2004 年版，第 218 页。

③ 安德鲁·皮克林：《实践的冲撞》，邢冬梅译，南京大学出版社 2004 年版，第 224 页。

概念的以及物质的综合的特定说明。知识产生的空间是与情境相关的”[①]。

可以看出，后现代主义社会建构论虽然声称自己超越了科学实在论与反实在论的争论，而事实上他们是不折不扣的反实在论者，因为他们否定了科学实在论的基本信条——世界存在的客观性。也就是说，社会建构论否认信息显示和反映背后存在着本源信息，他们将人工的信息反映视为世界信息的集合，认为这才是主体构建科学理论与之对应的东西，既然知识和知识所指称的对象都是实践的涌现，也就不存在无法指称的问题。

二、科学实在论的多种版本

科学实在论也有着诸多版本，李醒民教授总结了十几种科学实在论版本及其变种，涉及到哈金的实体实在论、胡克（C.Hooker）的进化自然主义实在论、埃利斯（B. Ellis）的客观自然主义实在论、图奥梅拉（R.Tuomela）的因果内在实在论、夏佩尔（D.Shapere）的理性实在论、博伊德（N.Boyd）的辩证实在论、萨蒙（W.Salmon）的理论实在论、塞拉斯（W.Sellars）的知识实在论、麦克马林（E.McMullin）的结构实在论、费耶阿本德的方法实在论和伦理实在论、普特南（H.Putnam）的语义实在论及其后来的内在实在论、布朗（H.I.Brown）的预期实在论、逼真认识论实在论、测量实在论等。

我们无意分析以上各种实在论版本，只在这里讨论两种实在论版本：结构实在论和语境实在论。选择这两个实在论版本的原因在于，一则二者是近年来引发学界关注较多的科学实在论版本，二则二者都与科学哲学信息主义研究进路有着异曲同工之处。

---

① 安德鲁·皮克林：《实践的冲撞》，邢冬梅译，南京大学出版社 2004 年版，第 219 页。

（一）结构实在论

科学哲学中关于结构的思想最早起源于彭加勒的结构主义，20世纪80年代末以来被沃热尔（J.Worrall）、佛兰奇（S.French）、雷迪曼（J.Ladyman）以及曹天予等人发展成为结构实在论的版本。在过去的较长时间里，结构实在论成为英美哲学研究的一个新动向，被认为是维护科学实在论最有前途的辩护策略。

结构实在论又分为三种不同的版本：认识论的结构实在论、本体论的结构实在论，以及建构的结构实在论。以沃热尔为代表的认识论的结构实在论对于不可观察实体持一种不可知论的态度，声称科学知识中值得信赖的部分只能是关于实在结构方面的知识，当然，在本体论的态度上，他们依然坚持实体优先的立场。沃热尔认为在科学理论的交替中，实体的概念是不连续的，新旧范式中的实体概念是不可通约的，前一理论中的实体概念往往在后继理论中被抛弃，但是前一理论中的数学方程却可以保存下来，即关于实在的结构是连续的、积累的。并且沃热尔以菲涅尔方程为例说明了这种本体的不连续和结构的连续，菲涅尔理论中的实体——以太被麦克斯韦理论中的电磁场所取代，但是菲涅尔理论中关于光振动的方程却被完好地保存到了麦克斯韦理论中。以佛兰奇和雷迪曼为代表的本体论的结构实在论消解了传统的实体本体论优先的观念，而是把本体论优先的地位赋予了结构，认为实体仅仅只是"担任一种启发性角色的占位者"①，在本体论上属于派生的概念。他们以量子力学中全同粒子与量子态之间的关系为例为这种结构本体论优先的观点进行辩护：在经典理论中，两个基本粒子在两个状态之间的分布具有4种分布状态。而在量子力学中，两个玻

① F.Steven, J.Ladyman, "Remodelling Structural Realism: Quantum Physics and the Metaphysics of Structure", *Synthese,* No.136, 2003, pp.31-56.

色子与两个量子态却只具有 3 种分布状态，从而证明基本粒子不具有独立的个体性，关系比个体更具有本体论上的优先地位。

认识论的结构实在论承认本体实在和本源信息的本体论地位，但否认科学理论可以对应本源信息，他们坚持的实在论立场只针对科学理论中的数学关系是本源信息结构的对应。所以，认识论的结构实在论不是彻底的科学实在论，当然也受到科学实在论者的批判，“声称仅仅结构是可知的几乎没有任何价值，换句话说，认识论的结构实在论同严格的经验主义并没有什么不同，因为任何两个经验上等价的理论可以平等的真”①。本体论的结构实在论的问题在于他们只承认本源信息中的结构信息具有本体论意义，这比第一章我们批判的惠勒的唯信论更为极端，所以受到的批判和我们前面对唯信论的批判是一致的，“说关系在本体论上优先于性质和实体，或者说性质在本体论上优先于实体，都是没有依据的。原因很简单：任何关系都必须先假定关系者的存在，关系是由关系者来形成的”②。和我们的立场一致，曹天予在批判本体论的结构实在论时也认为实体、性质与关系三者是一种共生共灭的关系，不存在没有关系者的关系，同样也不存在没有任何性质和关系的“裸实体”。

曹天予在分析了前两个结构实在论版本的缺点后，提出建构的结构实在论。曹天予认为，如果说结构可知，则处于结构层次之下的不可观察实体也应该是可知的。不应该把现象世界视为将本体世界与我们分隔开来的一道帷幕，而应该视为我们借此接近本体世界的一扇窗口。当然，我们对于不可观察实体的知识是一种主体的建构，但既然现象世界仅仅是我们经

① D.McArthur, “Recent Debates over Structural Sealism”, *Journal for General Philosophy of Science*, No.2, 2006, pp.209–224.

② T.Y.Cao（Ed）, *From Current Algebra to Quantum Chromodynamics*, Cambridge: Cambridge University Press, 2010, p.211.

验范围内本体世界的表现而并没有完全脱离开本体世界，所以这种建构肯定在本体世界有其根源。并且这种主体建构不是随意的猜想，而是在经验、数据以及成熟理论的约束下进行的理性逻辑建构。

在本体论的态度上，曹天予认为结构享有一些认识上的优先地位，因为它提供给物理学家一个通达不可观察实体的认识途径，然而从本体论的角度讲，结构仅仅是一个派生的存在。如何展开对理论实体的一种实在论解释呢？曹天予认为主要是一种经验的约束。首先需要分析形式体系所描述的基本实体，然后讨论这一理论实体在何种意义、何种程度上可以被看成是物理实在的一种客观表征。对于可表征的部分，必须从本体论上将首要实体（基本本体论）与其在不同情境中的不同表现区别开来。尽管实体本身并不直接可知，但其结构特征却可以通过不断呈现的经验现象得以接近。我们确实很难判断一个单一概念的实在性，但当一个概念被织入一个概念网络，特别是被越来越多的经验现象（以数学形式出现的结构陈述）所约束时，我们对于理论实体的建构就具有了实在性。

结构实在在曹天予的建构的结构实在论中成为现象层面的结构信息，主体通过可观察的结构信息去通达本体实在，结构信息是约束主体通达本体实在的窗户，这是基本的科学实在论立场。

（二）语境实在论

国内以郭贵春教授为代表的语境实在论是科学实在论在科学哲学发展的新的历史时期面临诸种反实在论挑战而发展起来的一种新的版本。其核心观念在于以语境论为科学实在论的新基底，重塑科学实在论的理论平台和根基，以回应当前科学哲学中各种反实在论的攻击。而选择语境论作为科学实在论发展的新的理论平台，其优势在于通过语境分析，可以将科学哲学各种维度的研究整合于语境的系统整体之内进行分析。首先，语境实在论将语境的观念从“言语语境”扩展到“非言语语境”，这样一来“情景语境”、“文化语境”和“社会语境”都成为语境实在论的论域空间。通过对语境概念的扩展，郭贵春教授认为，以往科学哲学的各种哲学流派都只是关注了语境整体下的部分语境的研究，而没有一个哲学流派可以对科学研究的整体语境进行系统的分析，比如“逻辑实证主义侧重符号化系统的形式语境，历史主义强调整体解释的社会语境，而具有后现代趋向的后历史主义则注重修辞语境。没有形式语境就没有科学的表征，没有社会语境就没有科学的评价，而没有修辞语境就没有科学的发明”①。而语境实在论的目的就在于在整体的语境系统下来统和这些不同维度的研究，“在科学认识论中结构性地引入了历史的、社会的、文化的和心理的要素，吸引了语形、语义和语用分析的各自优点，借鉴了解释学和修辞学的方法论特征，因而是一个有前途的、可以融合各种趋向而集大成的倾向”②。

语境实在论是以语境论为基底对科学实在论的重新建构。虽然也借鉴了后现代主义的一些观点，强调科学实践过程的复杂性、异质性，认识到科学的语境性，但归根结底是要在语境中追求一种新的建构。

在本体论的态度上，不仅仅满足于对传统科学实在论本体现存性观点的解构，而是重新建构了一种实在潜存性的本体论观点。传统科学实在论单纯追求理论实体的现实存在性的本体论态度已经遭到多方面的批判，当前的科学哲学研究已经认识到不能僵化地按照理解宏观实体实在性的方式来理解理论实体的实在性。一些微观实体与宏观实体的存在方式有着本质的区别，当前的粒子物理学研究已经表明，微观实体的存在形态不具有宏观实体那样的不变性，在一定的条件下，它们能够相互转化，另外微观实

① 郭贵春：《“语境”研究纲领与科学哲学的发展》，《中国社会科学》2006 年第 2 期。

② 郭贵春：《“语境”研究纲领与科学哲学的发展》，《中国社会科学》2006 年第 2 期。

体在实验室的存在方式已经受到实验仪器的干扰且这种干扰无法消除。所以再单纯追求将微观客体在实验室像宏观客体那样呈现是不现实的，只有在本体论上用潜存性来理解微观实体的存在才是科学实在论辩护的合理策略。用潜存性来理解微观实体的存在就是强调通过理论实体在各种语境下的呈现来得到关于理论实体特征的知识。用潜存性来理解理论实体的存在，就是要坚持一种可知论的态度，这是科学实在论的基本原则。

其次，语境实在论建构了一种新的理论与实在的关系，主张理论对实在隐喻式的理解、间接的模拟，代替了传统科学实在论坚持的理论对实在对应式的描写、直接的言说。理论实体潜存性的存在方式决定了主体无法脱离开语境来认识理论实体，进而承认科学认识的语境性就是将主体、客体、中介视为一个认识整体，而不是割裂开它们的相互联系而进行静态的认识。虽然语境实在论同后现代主义一样坚持认识的语境性，但并没有解构实体存在的客观性，并没有在语境中消解主体与客体相对的对立关系，而是将语境视为理解实体的一种途径和手段。所以虽然科学实践哲学同样也强调科学认识的语境性，但他们是一种止步于语境的现象主义立场，与语境实在论有着根本原则上的区别。科学实在论必须坚持建构的哲学追求，就是不能把科学认识中逻辑的、理性的东西，消解在片面强调偶然性、无序性的后现代主义思潮之中，“任何一个有意义的语境都不是纯偶然的、绝对无序的，在它们的现象背后，隐含着不可缺少的规律性和必然性”①。

语境实在论在信息主义的视域下可以被理解为一个“广义的全信息实在论”路径，之所以称之为“广义的全信息”，是区别于钟义信教授在信息科学中提出的全信息概念。钟义信教授的全信息概念仍然是在通信领域

---

① 郭贵春:《科学实在论教程》，高等教育出版社 2001 年版，第 253 页。

提出的语法、语义、语用的统一，而郭贵春教授提出的语境实在论则不仅要统一信息演化过程中自身的语法、语义、语用问题，而且还强调了要统一信息自身演化过程中附载的其他的背景信息，这在通信科学中通常被认为是噪声而非信息本身。传统的科学实在论版本基本都是在语言情境中进行研究，而语境实在论突破了这一论域，拓展到了非语言情境，“情景语境”、“文化语境”和“社会语境”这些之前曾被科学实在论者摒弃在外的东西被语境实在论纳入到了科学实在论的论域。语境实在论的这种发展，当然是科学哲学后现代主义思潮入侵后的结果，科学哲学发展过程中，各种影响科学活动的异质因素也是被不断揭示，“范式”、“观察渗透理论”揭示了科学活动受主体的背景知识影响，科学知识社会学进一步指出社会活动对科学活动有着决定性影响，科学实践哲学又将影响科学活动的因素扩展到方方面面。为了对这些反实在论观点进行回应，科学实在论在全信息论域进行研究也是理论发展的必然结果。

在一定程度上，语境实在论贯彻了信息主义的哲学品格。在本体论层面，语境实在论承认实体的潜存性，这同我们强调本源信息的客观性保持了一致。语境实在论分析了客体、主体和中介共同促成了现象的涌现，这也同我们前面分析的本源信息的显示和反映是同样的观点。在认识论层面，语境实在论整合了语法、语义、语用维度，并且考虑了非语言情境，这也是我们一直强调的认识论层面上信息的演化，这种演化图景是异质的、复杂的。从这个意义上讲，科学哲学的信息主义研究进路，特别是从维护科学实在论立场的角度讲，和语境实在论的研究进路是高度吻合的。

三、科学实在论发展的信息主义进路

科学实在论是科学研究必须坚持的哲学立场，这不会随着反实在论的声势而变化，因为科学之所谓科学，它的很多品格都是与科学实在论立场息息相关的。

毫无疑问，当前我们所掌握的科学理论是可错的，可以预见，未来的科学理论将推翻当前科学中的许多理论命题，我们不能够声称我们掌握的科学已达到了对实在的描述，并且可错性也正是科学之为科学的一个重要特征。然而正如雷舍尔（N.Rescher）所言："科学在意向或抱负上仍然保持着毫不掩饰的实在论特征。它的目的是要无可挑剔地、恰当地回答我们关于世界的问题，并且把世界描述成'它实际上的样子'。科学的方向是求实和客观的：它关心的是建立一个关于真实世界的真理性的事实。"① 诺贝尔奖授予对电子、中子、介子、反质子，以及夸克等的发现，是因为物理学的理论声称描述了实在实体的实际图景，扩大了我们对于自然的理解，而绝不是因为那些虚构的或关乎观察的聪明设计方法。科学自诞生之时起，其目标就不仅仅限于对经验内容的描述或预测。科学说明可以由经验来检验，是因为它具有经验内容或者可以演绎出经验命题。但同时科学说明的基本要求之一也在于，科学必须超越它在说明过程中所求助的经验内容，否则科学说明就与科学描述没有差别，只是对现象的记录和缩写。邦格曾指出超越于经验层次的形而上学在物理学中的必要性："在经验的指称物背后还存在着客观的指称物。对物理概念的解释，不应停留在形式和经验的指称水平上，而应最终根植于、深入于客观的指称水平。而这一点，恰恰是被工具主义、操作主义者所摒弃的。对一个概念的解释，只有将所有的指称水平统一起来，它的物理意义才是完整的和系统的；才能既避免朴素实在论的机械决定论，又避免一切经验主义的现象决定论。"②

① 尼古拉斯·雷舍尔：《复杂性——一种哲学概观》，吴彤译，上海世纪出版集团2007年版，第148页。

② 郭贵春：《科学实在论教程》，高等教育出版社2001年版，第136页。

科学的形成、发展，都离不开形而上学基础，唯有通过对形而上学的沉思，才能实现对经验现象的超越。从这个意义上来讲，科学不能囿于经验的描述，虽然它的检验必须是通过经验来进行的。科学的最高定律也不可能仅仅通过对经验的归纳总结来达成，必须有对形而上学的沉思、对现象的超越，才可能产生像相对论这样的科学理论。

考察科学的发展历史，容易发现科学研究中很重要的一项研究目标就在于对理论实体的验证。这种验证不一定是把理论实体显现为可以观察的现象，而更多的是用另一种确定的物体与其相互作用，通过大量的、不同角度的实验来验证由理论预测的经验现象，从而达到对于理论实体的验证。当然，随着技术的发展，许多曾经是不可观察的理论实体逐渐转化为可以观察的经验现象，从这个意义上讲，范·弗拉森对可观察命题与不可观察命题的绝对区分就是站不住脚的。科学理论中理论实体从提出到验证，其可靠性是一个逐步提升的过程。一些理论实体刚被科学家建构出来的时候，往往是作为一种形而上学的约定，并不被认为是真实对应客观实在，但随着大量实验的不断验证，经得住考验的理论实体存活下来，逐渐被认为对应真实的实在。比如夸克刚被盖尔曼提出的时候，连盖尔曼本人也对其真实性存在怀疑，一度认为只是一种理论上的假设，但随着斯坦福直线加速器中心实验数据的完美符合，μ 子深度非弹性散射，电子—正电子碰撞、质子—反质子碰撞、强子喷注实验等都显示了夸克—夸克相互作用，所有这些都强有力地证明了强子的夸克结构，这样夸克才作为一种真实的客观实在在物理学中稳定下来。若科学研究不关注现象层次之下的超越的理论实体的研究，仅仅满足于理论的经验适当性，则大量的科学研究工作就显得没有必要，比如刚才提到的大量对夸克进行验证的实验就失去了意义。并且科学家们也只有坚持理论实体对应真实实在的信念，才能指导其研究工作，波兰尼清楚地认识到这一点："我坚持把对理论预设的实在的信念作为发现的驱动力。”[①]他在谈到开普勒和伽利略对哥白尼体系的追随时，认为在他们的探究活动中展现出相信哥白尼体系是真的信念，这表现在他们以这一信念来指导发现活动。所以波兰尼认为正确的科学理论不应该仅仅是观察数据间的数学关系，“而是展现了实在的一个方面，未来它还将无穷无尽地显示自身”[②]。

科学实在论这种作为科学发展驱动力的作用同样被费耶阿本德所赞同。费耶阿本德一开始是一个实证主义者，后来转向了科学实在论。他认为科学实在论导致了一种理论的增生，而实证主义不能导致理论的增生，将产生坏的科学。同波兰尼一样，费耶阿本德认为在伽利略时代对哥白尼体系的认同或反对都不是出于工具意义上的目的：“在伽利略的那个时代，提出反对哥白尼学说的理由应该以实在论的观念去理解反对的理由。”[③]

汤川秀树对于当前物理学中形而上学的缺乏提出严厉批评，认为当前物理学家醉心于高度抽象理论、实验数据等东西，缺乏创造力，而究其根本原因，就在于形而上学的缺乏。他认为人类学习的目的不仅仅在于关心事实，而应该起源于一种更基本的发现真理的欲望。他同意薛定谔的抱怨：物理学如果完全摆脱形而上学，那么科学家就不免有空虚之感了。

科学实在论有足够的理由为自己辩护，但是强实在论又显得过于僵化。科学既非“外部自然之镜”，亦非“社会文化之镜”，而是外部自然与社会文化相互作用的产物。科学实在论的发展必须突破固有的论域，吸收

---

① 迈克尔·波兰尼：《社会、经济和哲学》，彭锋等译，商务印书馆 2006 年版，第 272 页。

② 迈克尔·波兰尼：《社会、经济和哲学》，彭锋等译，商务印书馆 2006 年版，第 269 页。

③ P.Feyerabend, *Realism, Rationalism and Scientific Method,* Cambridge: Cambridge University Press, 1981, p.195.

反实在论的合理成分，将其论域扩展到社会文化领域，这就需要走向信息主义的研究进路，将本源信息的演化和认识论信息的演化统一起来，视为整体的信息演化从而维护其基本立场。

信息主义的进路就是要分析本源信息的不断演化至科学理论的演化图景。这个演化图景是丰富的、复杂的，并且异质的演化过程，包含了本源信息的显示和反映，本源信息的反映当前主要依赖于主体的干预，是主体与本源信息相互作用后的呈现，附载了本源信息、主体信息和中介（实验仪器、实验材料、实验程序等）信息等，科学理论的建构也是一个异质性的过程，附载了丰富、复杂的社会文化信息。将科学事业的发展视为一个不断主动将本源信息编码后又进行译码的过程。编码过程虽然通常是主体主动的行为，但编码过程不仅仅涉及主体行为，还关涉本源信息，因为主体对本源信息事先是不可知的，所以主体仅仅凭借内部信息还无法获悉编码的规则，也就是说主体并不能通过编码后的信息反映来揭示本源信息，这需要通过多层次、多维度的编码过程，通过历时的多次编码，从而不断使得本源信息多角度地进行反映。历时的、多层次、多维度的编码使得主体能够获取越来越丰富的本源信息的反映，如此主体破译编码规则的概率也就越大，主体进行译码的可靠性也就越来越强，科学就是这样获得进步的。

科学实在论近些年来的发展也在不断体现这种信息主义的进路，结构实在论的发展表明在本体存在的层次，科学实在论者越来越关注信息存在的意义，这种关注也带来了其他类似的科学实在论版本的发展，例如关系实在论和过程实在论，也体现着这一科学实在论发展路径。彭加勒提醒我们，哲学家们一直在寻求的实在究竟是什么呢？生理学家提出有机体是由细胞形成的，化学家提出细胞本身是由原子组成的，但是细胞排列的方式和导致个体统一的方式不是比孤立的要素实在更为有趣的实在吗？所以，彭加勒认为这种关系实际上是外部对象的结合物，乃至是客体本身："为了称呼外部对象，人们发明了客体这个词，外部对象是真实的对象，而不是稍纵即逝的外观，因为它们不仅是感觉群，而且是用永恒的结合物粘接起来的群，正是这种结合物，而且只有这种结合物才是客体本身，这种结合物就是关系。"① 怀特海（A.N.Whitehead）则是将"过程"或"事件"视为实在："自然是一个演化过程的结构。实在就是这个过程。如果有人问红色是不是实在的，这便是荒谬绝伦的话。红色只是体现过程中的一个组成部分。自然界中的实在就是自然界中的包容体，换句话说就是自然界中的事件。"② 可见，实在论的发展促使哲学家们越来越关注客观世界信息存在的意义，不同哲学家或者哲学流派关注的是本体论信息的不同范畴，随着信息科学和信息哲学的发展，本体论信息的其他范畴会被继续揭示，本体论层次的信息整体存在会成为科学实在论本体论辩护的发展进路。

在认识论的层次，语境实在论的发展已经将语法信息、语义信息、语用信息进行统一，而且将非语言信息的社会文化信息也纳入到科学实在论的论域，这是科学实在论发展的必然趋向，因为随着后现代主义对科学实践过程中各种异质性因素的不断揭示，科学实在论无法再掩耳盗铃或充耳不闻。科学实在论的发展必须吸收反实在论的合理成分，才能抵御反实在论的攻讦，继续维护科学的客观性品格，继续弘扬科学的理性主义精神。这就要求科学实在论的发展走向全信息的研究，不仅是语言的全信息，还包括社会文化等信息的广义全信息。

科学实在论的发展需要继续整合本体论层次的全信息和认识论层次的全信息，将科学活动视为一个完整的、统一的信息演化过程，不断分析信

① 彭加勒：《科学的价值》，李醒民译，辽宁教育出版社 2000 年版，第 149 页。

② 怀特海：《科学与近代世界》，何钦译，商务印书馆 1959 年版，第 70 页。

息演化过程中不同层次、不同维度信息的特点和作用，才能在后现代思潮盛行的当下学界走出自己的哲学品格。

第三节　统一的科学知识谱系

科学哲学中的后现代主义进路不仅挑战了科学实在论的立场，而且也对科学的普遍性提出了质疑。本节我们将从信息主义的角度对科学的普遍性进行分析，对近来兴起的个性化知识进行考察。

一、个性化知识的兴起

长期以来，客观性和普遍性都是科学理论的重要品格。在培根等人的实验思想中包含着两个形而上学预设前提："一是自然规律是自然界事物原本就具有的，但它们隐藏在事物和现象的背后，人们需要通过实验才能发现它们；二是科学实验中呈现的规律与自然界的规律是同一的，认识了实验中的规律也就认识了自然界中的自然规律。"①前者是客观性的预设，后者则是普遍性的预设。

在20世纪60年代波兰尼就对科学理论的普遍性提出了质疑，他在其名著《个人知识——迈向后批判哲学》中论述了知识的默会性特征，指出知识是一种要求技能的行为，是一种艺术，他明确反对传统的那种主客分离的知识观，强调不能将热情的、个人的、人性的成分从知识中清除出

① 罗天强、殷正坤：《发现抑或人工生成：科学实验与规律的双重关系》，《科学学研究》2016年第9期。

去。据他观察，即使在经典力学这一“最接近于完全超脱的自然科学”领域，知识的获得也要求科学家的热情参与，要依赖科学家的默会技能和个人判断。①

劳斯在考察实验室研究时，也表达了与波兰尼相似的观点：“一个称职的实验工作人员必定对仪器的运作状况及其可能性和局限性作出实践性的把握。对仪器的这种‘感觉’是实践性的技能知识，而不是理论表象。”②劳斯认为科学理论与研究情境紧密相关，理论所涉及的推理具有实践的、寻视的、机遇性的特征。他的研究表明，许多科学研究的开展并不是出于要解决当前理论中已知困难的目的，而是因为研究者想要利用现有的资源，这些资源包括设备、技术、训练有素的人员以及相关的科学成果。所以，劳斯强调，科学研究的评估常常受制于特定的地方性情境。劳斯重点研究了科学实验室，他声称实验室的研究只是科学家人为的一种建构，是让事物在隔离的环境中显现。所谓的去情境化和普遍性，只是科学家把这种隔离的环境拓展到地方性情境之外的结果，“只有当我们改造世界以适应科学时，科学才会‘运转’”③。

这里的争论点，并不是科学具有私有性或非公共性，而是在自然和技术科学的研究中所获得的信息是特异性的。换言之，研究程序的选择反映着对于当地偶然性空间中秩序的具体化的各种解释。关于“什么相关要紧”和“什么无关紧要”的标准在整个的科学共同体中既没有被完全地界定，

---

① 参见迈克尔·波兰尼：《个人知识——迈向后批判哲学》，许泽民译，贵州人民出版社2000年版，第4页。

② 约瑟夫·劳斯：《知识与权力——走向科学的政治哲学》，盛晓明等译，北京大学出版社2004年版，第105页。

③ 约瑟夫·劳斯：《知识与权力——走向科学的政治哲学》，盛晓明等译，北京大学出版社2004年版，第122页。

也没有被规范化。而且，官方科学的各种规则也同样没有从当地的解释中被免除。诺尔-塞蒂纳提到三种情况：第一，构成的问题，亦即有关于特定的物质、成分或仪器使用方式的选择问题。第二，量化的问题，亦即在应进行测量或取样等的时候，一种物质要使用多少，一种工序应维持多长时间等的问题。第三，控制的问题，亦即涉及方法论选择的问题，诸如构成的简单性与复杂性、严格的可比性与间接的可比性，等等。[①]“让我们且把可变的规则、决定标准的摆动、研究的当地特质、工序的机会主义以及科学家对与境限制的巧妙利用等当作研究的机会主义逻辑的不同方面。科研成果可以被视为选择的复杂合成物，而这些选择从这里阐明的索引的意义上说随与境而变。事实上，当科学家把这种偶然性和与境性选择转化成‘发现成果’，并在科学论文中加以‘报道’的时候，科学家自己实际上就把自己的研究结果非与境化了。”[②]

卡特赖特（N.Cartwright）在其名著《斑杂的世界——科学边界的研究》中对科学普遍性的“幻觉”进行了深入分析，提出我们最好的物理学理论的巨大经验成功可能论证了这些理论为真，而非它们的普遍性。实际的情形正好相反。物理学用精确预测的方式，表明了什么是它的限制。高等物理学的抽象理论概念只能通过更为具体地解释这些概念的模型才能描述世界。所以物理学定律只适用于它的模型适合的地方，显然只包括非常有限的情况。也就是说，科学理论的成功只表明在它的领域内是真的，但不表明它的领域是普遍的。卡特赖特提出的代替基础论的假设是：“对于所有那些其全部原因能够被相似的力学中力函数模型充分地表达的运动来说，

① 参见卡林·诺尔-塞蒂纳：《制造知识——建构主义与科学的与境性》，王善博译，东方出版社 2001 年版，第 75 页。

② 卡林·诺尔-塞蒂纳：《制造知识——建构主义与科学的与境性》，王善博译，东方出版社 2001 年版，第 88 页。

力学是真的，我们可以认可其的确为真。对于这些运动，力学是预设的有力而精确的工具。但对于其他运动，它是适应性有限的工具。”① 卡特赖特提到，千元纸币自然飘落，而我们必须为它寻找模型。飞机正相反，我们制造它来适合我们可行的模型。实际上，这就是我们如何能够设法从我们所知定律的领域收获如此巨大。

如果力学定律不是普遍的，但无论如何是真的，卡特赖特认为它们至少有两个选择：它们可以是纯粹的其他情况相同定律——定律只在限定条件中或是除了指定因素之外没有与效应相关的因素的时候才成立。在不同设定或出现不能够由该理论的概念来说明的其他原因的情况中，什么也得不到。如果我们研究的事件是合在一起的，而且变化依赖于整个结构而非每一部分的安排，我们只考察特殊情形的一小部分，就很可能大错特错。科学理论的定律具有一般论述的表层结构。但它们事实上并不给出关于世界的论述，它们只是给出如何控制的线索。除了一些显著的例外，如行星系，我们对物理学定律最漂亮、最精确的应用，都是在现代实验室中完全人为、精确限定的环境之中。

简单地概况卡特赖特的观点，就是自然界中发生的事很多都是不规律的、无序的，世界是斑杂的，大部分情境不产生规则的行为，但是科学家可以制造一个产生规则行为的情境。我们最广泛的科学知识不是“定律的知识”，而是“事物本性的知识”。定律在适用范围内只是“其他情况相同”地成立。“理论在它们成功之处是成功的，就是这么回事。”②

个性化知识兴起的另一个源头是大数据技术的发展。在大数据技术出

---

① 南希·卡特赖特：《斑杂的世界——科学边界的研究》，王巍、王娜译，上海世纪出版集团 2006 年版，第 30 页。

② 南希·卡特赖特：《斑杂的世界——科学边界的研究》，王巍、王娜译，上海世纪出版集团 2006 年版，第 35 页。

现之前，个性化知识不被重视的一个重要原因在于其有效性无法保证。比如对于一片空中飘落的羽毛，只用普适的自由落体规律去描述显然是远远不够的，其路径还取决于它所处的复杂的空气动力环境以及初始条件等。这与掷骰子的情形是完全类似的，由于我们无法把握骰子运动的所有细节，所以只能得到概率性的结论；但是如果我们具有“上帝之眼”，骰子的哪个点数朝上，无疑都是确定的。那我们和上帝之间的差距在哪里呢？虽然我们和上帝一样，都掌握了落体运动的普遍性知识，但我们永远无法把握事物的具体性和个性化的细节——虽然我们已经可以制造出降落伞等，即把握和利用了部分具体的、个性化的知识，但其间的差距在认识论上是无止境的。

然而随着大数据技术的发展，个性化知识的追求成为可能。20 世纪 80 年代末，美国数据科学家费亚德（U.Fayyad）就将“知识发现”定义为“从大量数据集中辨识出有效的、新颖的、潜在有用的，并可被理解的模式的高级处理过程”①。与传统的知识观有所不同，知识被看成是广义的，本质上就是一种模式，并且强调它的有效性、实用性以及可理解性。而大数据和各种算法（机器学习的发展）的崛起，使得这种知识的发现模式很大程度上实现了自动化，知识获得的“门槛”非常低，关于知识的果实很容易“摘到”。总之，人们对知识的看法已经发生了改变。对知识的有效性、实用性以及可理解性的重视，区别于传统的关于知识普遍必然性的追求。人们用“个性化知识”这个词来概括这种知识形态，其迅速发展并广泛应用于社会各领域，不仅成为大数据时代个性化现象和行为的科学依据，而且将为研究普遍性知识在实践上所面临的困难和相关的哲学拷问

---

① U.Fayyad, G.Piatetsky-Shapiro and P.Smyth, “The KDD Process for Extracting Useful Knowledge From Volumes of Data”, *Communications of the ACM,* No.11, 1996, pp.27–34.

提供一种有益的视角。[①]

二、科学理论的普遍性品格

我们在讨论科学理论是否具有普遍性的时候，事实上是在讨论科学理论中的科学定律是对自然规律的真实揭示，还是科学家自己的主观约定。或者说，所谓的自然规律究竟是自然界真实的规律，还是主体的主观建构。

长期以来，科学定律是对自然规律的揭示这一认识是不存在问题的，我们基本都承认科学理论中的科学定律对应的正是自然界中的客观秩序或规律性，它们是不以人的意志为转移的，是靠科学探索活动发现的，它们是合理的人类预见的基础。戴维斯（P.Davies）直接指出："自然定律是关于宇宙的实在的、客观的真理，我们发现它们而不是发明它们。"[②] 自然定律是普遍的，时时处处都有效，它们是绝对的，不依赖于观察者的性质，它们是永恒的，被认为是建立在用以表达物质世界的数学结构之中。它们是无所不包的，没有任何东西可以被视为处在它们的范围之外。自然定律不仅表示了世界的规律性，而且是我们理性地把握宇宙变化的保障。自然定律这个概念随之也就成了近代科学的关键，成了人们理解自然的钥匙。

当然，对于科学定律，它作为科学理论的核心部分，必然具有主体约定的成分。皮尔逊（K.Pearson）认为"科学定律"这个词在未能与主体的心智结合的时候，是没有任何意义的。科学定律是与主体的知觉和概念关联起来的，而知觉和概念又是由主体的知觉和推理能力形成的。他干脆

① 参见董春雨：《大数据时代个性化知识的认识论价值》，《哲学动态》2018 年第 1 期。

② P.Davies, *The Mind of God, Science and the Search for Ultimate Meaning*, London: Simon & SchusterLtd, 1992, p.84.

断言，与其说主体发现了自然定律，不如说发明或创造了自然定律。自然定律被视为是心理速记的概要，对我们来说它代替了我们感觉印象之间序列的冗长描述。因此，自然定律就其科学意义而言本质上是人的心智的产物，离开主体则无意义。"自然规律是人的理智的产物，而不是'死物质'固有的惯例。科学的进步从而归结为知觉官能的越来越完备的分析，我们无意识地、自然而然地把这种分析投射到超越感觉印象的东西的分析。因此，科学的素材和定律二者都内在于我们自己，而不是内在于外部世界。"①

在我们看来，无论夸大科学定律的客观性还是主观性都是偏激的观点，科学定律是世界内部和谐或自然规律性的最好表达方式，同时也是人类心智的产物，即包含着约定的成分。的确，自然界没有相同的条件和相同的结果，完全相同的现象或事件也不可能重复出现，我们的定律都是针对理想状态的，或是针对严密控制的、大大消除或简化各种干扰因素的实验确立的。因此，严格上讲，自然界确实不存在我们所谓的比较精确的自然定律或科学定律。例如，自由落体定律 $S=1/2gt^2$，但事实上自然界很少有如此下落的物体，羽毛、树叶的飘落，包括引发牛顿做这个问题思考的苹果的跌落，都不可能符合这个科学定律。纵然是受干扰最少的天文学领域亦是如此，开普勒第一定律指出行星运动是椭圆轨迹，但事实上因为受到各种太阳以外的天体的扰动，以及行星自身转动导致的进动，行星也不可能按照绝对的椭圆模型进行运行。

但是，从本体论的角度讲，我们可以说定律毕竟是客观世界或自然界的某种规律性或"似律性"②（law-like）的反映或摹写，尽管这种反映或

① 卡尔·皮尔逊：《科学的规范》，李醒民译，华夏出版社 1999 年版，第 104 页。

② 李醒民：《论科学定律》，《中国政法大学学报》2008 年第 2 期。

摹写是近似的和相对的。否则，我们无法理解为什么太阳系的行星不是无序地舞作一团，而是在椭圆轨道上绕太阳旋转。约定之所以进入我们关于世界的概念，在于所有的理论都是基于对大自然的简化：没有完全准确的适合大自然的理论。不过显然，简化要求忽略什么，于是保留什么就包含着约定要素。科学定律虽然有约定的成分，但我们不能就此以为科学定律不能告诉我们关于世界的东西。科学定律包含和隐含有关大自然的结构的大量的、富有成效的、方便的含义。牛顿运动定律不单单是观察的归纳结果，而是丰富的想象力的产物。所以，既要承认科学定律包含有约定要素，又要否认所有的科学成果都是约定的。

粒子物理学，流体力学和复杂动力学系统中的许多非线性方程非常难以求解，理论家们不得不求助于简化模型，没有人把它当作对大自然的真实的或者甚至是近似的描述。尽管如此，如果一种数学模型包含了实际理论的本质特性，可以被证明表现了反应观察到的现象的特征，它就至少可以定性地作为认识那些现象的重要工具。

科学从大量特殊情境抽取一般规律的科学认知方式，使得科学知识无法精确解决具体情境问题，就像万有引力定律无法解决羽毛飘落问题。但科学正是放弃了精确解决具体情境的地方性知识追求，才实现了其普遍性品格，展示了其普遍性的威力。从信息主义的视角看，本源信息的显示和反映是复杂的，包含了多种关系信息，科学定律就是要从众多复杂信息中抽取共同的信息，从而形成普遍的规律。就像自然界没有一滴水是 H_2O 的原子构成，但众多各种各样真实的水分子中都包含了 H_2O 的原子信息，H_2O 是众多水分子的共性信息，H_2O 的分子构成虽然出于主体的约定，但这种约定不是随意的主观行为，而是包含了自然界的客观限定。伽利略比萨斜塔实验，牛顿的双棱镜实验，杨氏双缝实验，卡文迪什用扭力秤计算地球质量的实验，这类实验是从自然纷杂的相互作用和相互联系中人为创造条件从而达到认识单一属性或规律的情况。当然，科学的这种认识方法被以卡特赖特为代表的后现代主义者批判，认为自然界本就是斑杂的，科学的做法是类似于劳斯讲的地方性知识情境拓展。这是否定了共性与个性、特殊与一般之间的辩证关系，是整体主义的态度。整体主义无益于人类认识的进步。

三、两种知识的互补

科学哲学中的后现代主义对科学知识普遍性的解构是一种极端的相对主义立场，我们认为他们提出的所有知识都是地方性的观点是无法成立的，知识产生的情境性无法掩盖知识普遍性的品格。而对于大数据技术兴起带来的个性化知识，则是另外一回事，个性化知识与普遍性知识——科学理论，体现的是不同的知识范畴，蕴含的也是不同的哲学品格。

董春雨教授总结了大数据引发的个性化知识的一些特征①，从中可以看出，个性化知识不是对普遍性知识的解构，而恰恰是适当的补充。

个性化知识的第一个特征是其具体性。所谓具体性是指知识只是关于认识对象相关属性的单称陈述，适用于特定的个体或者集合中的子类。大数据对于知识具体性的发掘，主要是基于大数据全样本的本体论预设以及与之相融的技术支持，如云存储和分布式计算等。大数据时代，人们才有能力获得个体或者集合中子类在空间和时间维度的所有数据，因此通过数据分析可以获得关于所有个体或子类的具体知识。例如，沃尔玛从销售大数据中，不但可以得到销售的整体性的知识，同时它可以定位到具体每一类商品、每一个(每一类）消费者的相关知识。也就是说，在大数据时代，

① 参见董春雨：《大数据时代个性化知识的认识论价值》，《哲学动态》2018 年第 1 期。

个体是通过信息的形式来实现自我的表征或构成，任何个人或社会都是如此。这正是个性化服务的依据，知识也因此被赋予了具体性的内涵。这与从知识的起源所讲的人们最初关于事物的认识的具体性，具有完全不同的含义。

个性化知识的具体性还包含着另一层含义，即它的情境性，亦即任何事物都不是孤立存在的，它一定处在与其他事物的关系网即环境之中。大数据要实现“全样本数据”的理想，必然包括有关这些具体关系或情境的认知，因此，由其产生的知识必然具有所谓情境性。Alphago 围棋 AI 所选的大数据训练集的域值是“人类有记录的所有优秀棋手的对弈数据”，同时由此训练出的围棋 AI 在与同样段位棋手对弈时就能上演一场酣战。

个性化知识的第二个特征是其个人性。如果具体性指的是认知对象的特殊性的话，个人性知识则强调认识主体的特殊性，即“个人”参与认识过程，知识因此具有了个人性。个人性知识之所以得以凸显，明显地是源于移动通讯设备以及互联网的普及，源于数据和算法的驱动以及数据处理的自动化程度的提高：当下生活在任何一个角落的个体，都可以将自己感兴趣的事物数据化并发布于互联网，而这些分布于互联网上的数据将成为知识的重要来源；而任何一个掌握大数据集的个体，都可以通过相应的渠道或者技术获得关于对象的知识。这种知识不需要经过共同体之间的相互体认便可以使用，并且可以通过网络媒体进行快速传播，即技术实现了“可以从任何地方进入有关人类知识的数据库，从而可以忽略或绕过传统知识的‘守门人’”①。比如在美国大选期间，出现了很多基于大数据的预测，其中既有如盖洛普、谷歌、IBM 等大型数据公司所作的预测，也有

① D.M.Berry, “The Computational Turn: Thinking about the Digital Humanities”, *Culture Machine*, No.12, 2011, pp.1–22.

许多是计算机领域的专业人士甚至是一些普通的程序员所作的预测，这些预测显然带有个性化色彩——在 2016 年对美国总统选举的预测中，一位为大选支持者销售橡胶面具的中国商人就通过销售订单作出了准确预测。总之，个人对数据的易获取性、算法的本性以及两者在知识发现中的地位，为个人介入认识过程奠定了基础。而以大数据预测模型建构为例，个人作为特有的数据拥有者，可以以其为基础建立起自己的、个性化的预测模型。

知识个人性的另一种表现是，一方面，由于数据以及知识的发现都将是数据公司的基本业务，这就在客观上为个性化知识的产生提供了基础和保障；另一方面，知识发现的自动化降低了知识发现的门槛，使个人面对同一数据集，可以依据自己的主观偏好采取不同的算法，导致最终建立的模型也不尽相同。

总之，在大数据时代，知识主体的个人化倾向既是对知识起源之初的那种个人作为知识主体的认识论的重演、回归，也是对近代以来共同体作为认识主体所引发的危机的补救。但需要指出的是，像波兰尼所认为的那样，个体介入认识过程不仅不是一种缺陷，反而是科学知识不可或缺的、逻辑上必要的补充部分。他还严密地论证了个体性并非必然导致主观性："从事某种探索的科学家给他自己的标准与主张赋予了与个人无关的地位。因为他把它们视为科学在与个人无关的情况下建立起来的"①，个体"是作为具有普遍性意图负责任地行使自己的判断力的人"②。

个性化知识的第三个特征是强有效性和实用性。普遍性知识因为追求

① 迈克尔·波兰尼：《个人知识——迈向后批判哲学》，许泽民译，贵州人民出版社 2000 年版，第 464 页。

② 迈克尔·波兰尼：《个人知识——迈向后批判哲学》，许泽民译，贵州人民出版社 2000 年版，第 503 页。

严密的逻辑推导和因果链条，所以不断地将个性化的特征舍弃，在一定程度上削弱了知识的效用和实用性。大数据个性化知识则相反：它不强求严密的逻辑推导和因果链条，转而强调知识的相关性的概念。大数据方法重视知识的具体性和个人性，必然增强了知识的有效性和实用性。这方面成功的案例有很多，例如 2005 年，在全美举行的机器翻译测评中，谷歌翻译系统一举夺魁。谷歌系统最终能胜出的决定性因素在于该系统经过了谷歌在语言对译方面所拥有的海量数据的训练。

个性化知识的第四个特征是不确定性。一般而言，大数据问题都是复杂问题，直观的表现就是众所周知的“4V”。由于数据量大，维度多，复杂系统还存在着混沌行为等，所以一般都很难得到普遍的、确定性的、必然性的解释和描述。另外，由于大数据知识不属于演绎系统，而是通过不断的迭代和归纳产生的，即大数据知识的发现采取了“数据 + 算法”双驱动的新的认识模式，所以这种模式具备了不确定性的特点。数据和算法的相互依存，构成了两者的共同进化，这种进化并不需要特定的具体问题的引导，即具有天然的不确定性和或然性。在大数据知识产生的过程中，由于数据量大、维度多，通过数据挖掘会得到很多意想不到的结果；或者说当数据量不够大、维度不够多、不够完备时，就很难发现事物间内在的客观联系。因此，由于在数据处理实践中，不同的人对于相同的数据可以选择不同的算法，从而获得不同的结果，这就是算法的个性化特征的来源。另外，由于算法只有借助于数据才能不断地使自身进化，也就是通过数据不断地重塑自身。那么，如果数据本身存在不真实或不客观等问题，或者算法在设计时引入了误差，这种失误必将隐匿在知识发现的总过程中，并且也极有可能被不断地放大。最后，算法是人类理性的产物，必然存在理论上的抽象与简化。假如在最初的算法设计中嵌入一种简化甚至偏差的话，它在以后的不断迭代中就会被放大。可见，作为一系列既定规则下的操作和运算系统，算法是人们所设计的认识数据的工具，它在大数据处理中已处于核心地位。特别是随着分布式计算、云计算以及机器学习技术的发展，算法早已成为人类不可替代的思维的物化和大脑功能的外延。当然，从本质上讲，与复杂系统联系在一起的数据及其挖掘存在着很大的不确定性，这是由于复杂系统在状态上和演化过程中存在着多种不可预测的可能性的本质所决定的。

大数据引发的个性化知识是信息时代的产物，是信息科学、信息技术发展的必然结果。个性化知识对普遍性知识而言，不是颠覆，更不是解构和消解，而是适当的补充。

普遍性知识为了追求普遍性，即追求知识普遍的适用范围，采用的科学方法就是从丰富、复杂的现象信息中抽取共性的普遍信息，这必然导致科学理论是对细节忽视后的普遍规律总结。普遍性知识，忽略掉的个性的信息就为个性化知识的产生提供了广阔领域，大数据技术的兴起使得我们对个性化知识的追求成为可能。

如果能够保证数据的客观性和算法的透明，基于大数据的个性化知识便实现了对客观世界的镜像认识。这种个性化知识的认识路径与作为普遍性知识的科学理论的认识路径是有本质区别的。第一，科学理论由于追求共性的规律，所以留下了个性化世界的“科学暗区”，而大数据所追求的“万物数据化”所带来的数据多样性、多维度以及完备性，有可能将它们一一揭示出来。第二，大数据时代的数据化与知识发掘大都是无目的性的，数据的生成和处理均成为自动化的过程。第三，虽然大数据所采用的算法大多是来自于经典的算法，但是这些算法在大数据的训练下不断地进化，从而能实现其之前所不能发挥的功能。第四，个性化知识的获得不是以问题为导向的，而是基于数据和算法的双重驱动。第五，对科学理论的评价采用的是弱标准，即有效性与实用性，而对个性化知识的评价只涉及功能性和服务性评价。

普遍性知识是从大量不同情境中抽取的一般规律，个性化知识是针对具体情境的个性化信息，二者源于不同的产生机制，体现着不同的哲学意蕴。科学的发展应该是在继续发展普遍性知识的同时，将个性化知识视为知识整体发展的重要增长点。个性化知识与普遍性知识可以相互依存、共生发展。个体性知识不但能为获得普遍性知识提供基础，同时由于其自身的价值，能使其与普遍性知识一起共生发展，从而成为人类知识的综合体。

参考文献

一、译著

[1] 萨丕尔:《原始语言中的概念范畴》，伍平译，上海教育出版社1986年版。

[2] 惠勒:《宇宙逍遥》，田松等译，北京理工大学出版社2006年版。

[3] 罗斯扎克:《信息崇拜》，苗华健等译，中国对外翻译出版公司1994年版。

[4] 约翰·A.舒斯特:《科学史与科学哲学导论》，安维复译，上海科技教育出版社2013年版。

[5] 迈克尔·波兰尼:《个人知识——迈向后批判哲学》，许泽民译，贵州人民出版社2000年版。

[6] 迈克尔·波兰尼:《社会、经济和哲学》，彭锋等译，商务印书馆2006年版。

[7] 约瑟夫·劳斯:《知识与权力——走向科学的政治哲学》，盛晓明等译，北京大学出版社2004年版。

[8] 罗伯特·金·默顿:《十七世纪英格兰的科学、技术与社会》，范岱年等译，商务印书馆2004年版。

[9]拉瑞·劳丹:《进步及其问题》，刘新民译，华夏出版社1999年版。

[10] 约翰·沃特金斯:《科学与怀疑论》，邱仁宗、范瑞平译，上海译文出版社 2006 年版。

[11] 迪昂:《物理学理论的目的和结构》，李醒民译，华夏出版社 1999 年版。

[12] 大卫·布鲁尔:《知识和社会意象》，艾彦译，东方出版社 2001 年版。

[13] 保罗·法伊尔阿本德:《反对方法: 无政府主义知识论纲要》，周昌忠译，上海译文出版社 2007 年版。

[14] 齐曼:《元科学导论》，刘珺珺等译，湖南人民出版社 1988 年版。

[15] 希拉·贾撒诺夫:《科学技术论手册》，盛晓明等译，北京理工大学出版社 2004 年版。

[16] 布鲁诺·拉图尔:《实验室生活: 科学事实的建构过程》，刁小英译，东方出版社 2004 年版。

[17] 希拉·贾撒诺夫:《科学技术论手册》，盛晓明等译，北京理工大学出版社 2004 年版。

[18] 卡林·诺尔-塞蒂纳:《制造知识——建构主义与科学的与境性》，王善博译，东方出版社 2001 年版。

[19] 诺里塔·克瑞杰:《沙滩上的房子——后现代主义者的科学神话曝光》，蔡仲译，南京大学出版社 2003 年版。

[20] 安德鲁·皮克林:《实践的冲撞》，邢冬梅译，南京大学出版社 2004 年版。

[21] 布鲁诺·拉图尔:《实验室生活: 科学事实的建构过程》，刁小英译，东方出版社 2004 年版。

[22] 布鲁诺·拉图尔:《科学在行动: 怎样在社会中跟随科学家和工程师》，刘文旋、郑开译，东方出版社 2005 年版。

[23] 唐·伊德:《让事物“说话”》，韩连庆译，北京大学出版社 2008 年版。

[24] 迈克尔·马尔凯:《科学与知识社会学》，林聚任等译，东方出版社 2001 年版。

[25] 莫里斯·戈兰:《科学和反科学》，王德禄等译，中国国际广播出版社 1988 年版。

[26] 薛定谔:《生命是什么》，罗来鸥等译，湖南科学技术出版社 2008 年版。

[27] 理查德·罗蒂:《后哲学文化》，黄勇译，上海译文出版社 2009 年版。

[28] 苏珊·哈克:《理性地捍卫科学——在科学主义与犬儒主义之间》，曾国屏、袁航等译，中国人民大学出版社 2008 年版。

[29] 查尔默斯:《科学及其编造》，蒋劲松译，上海科技教育出版社 2007 年版。

[30] 诺里塔·克瑞杰:《沙滩上的房子》，蔡仲译，南京大学出版社 2003 年版。

[31] 罗杰·G. 牛顿:《何为科学真理——月亮在无人看它时是否在那儿》，武际可译，上海科技教育出版社 2009 年版。

[32] 约翰·A. 舒斯特:《科学史与科学哲学导论》，安维复译，上海科技教育出版社 2013 年版。

[33] 舍格斯特尔:《超越科学大战》，黄颖、赵玉桥译，中国人民大学出版社 2006 年版。

[34] 维纳:《控制论——关于在动物和机器中控制和通讯的科学》，郝季仁译，科学出版社 1962 年版。

[35] 爱因斯坦:《爱因斯坦文集（第一卷）》，许良英、范岱年编译，

商务印书馆 1976 年版。

[36] 约瑟夫·劳斯:《知识与权力——走向科学的政治哲学》，盛晓明等译，北京大学出版社 2004 年版。

[37]《马克思恩格斯全集》第 26 卷，人民出版社 2014 年版。

[38] 安德鲁·皮克林:《实践的冲撞》，邢冬梅译，南京大学出版社 2004 年版。

[39] 尼古拉斯·雷舍尔:《复杂性——一种哲学概观》，吴彤译，上海世纪出版集团 2007 年版。

[40] 彭加勒:《科学的价值》，李醒民译，辽宁教育出版社 2000 年版。

[41] 怀特海:《科学与近代世界》，何钦译，商务印书馆 1959 年版。

[42] 卡林·诺尔-塞蒂纳:《制造知识——建构主义与科学的与境性》，王善博译，东方出版社 2001 年版。

[43] 南希·卡特赖特:《斑杂的世界——科学边界的研究》，王巍、王娜译，上海世纪出版集团 2006 年版。

[44] 卡尔·皮尔逊:《科学的规范》，李醒民译，华夏出版社 1999 年版。

二、中文著作

[1] 邬焜:《信息哲学：理论、体系、方法》，商务印书馆 2005 年版。

[2] 钟义信:《信息科学原理（第五版）》，北京邮电大学出版社 2013 年版。

[3] 胡明杨:《西方语言学名著选读》，中国人民大学出版社 1999 年版。

[4] 冯契:《哲学大辞典》，上海辞书出版社 2007 年版。

[5] 冯契:《认识世界和认识自己》，华东师范大学出版社 1996 年版。

[6] 冯契:《逻辑思维的辩证法》，华东师范大学出版社 1997 年版。

[7] 杨伟国:《“信息思维”的新探索》，京港学术交流中心 1998 年版。

[8] 程守洙、江之永:《普通物理学·第 1 册（第三版）》，人民教育出版社 1978 年版。

[9] 林德宏:《科技哲学十五讲》，北京大学出版社 2004 年版。

[10] 林德宏:《科学思想史》，江苏科学技术出版社 2004 年版。

[11] 李醒民:《科学论：科学的三维世界（上卷）》，中国人民大学出版社 2010 年版。

[12] 郭贵春:《走向 21 世纪的科学哲学》，山西科学技术出版社 2000 年版。

[13] 郭贵春:《科学实在论教程》，高等教育出版社 2001 年版。

[14] 吴彤:《复归科学实践》，清华大学出版社 2000 年版。

三、中文论文

[1] 刘钢:《从信息的哲学问题到信息哲学》，《自然辩证法研究》2003 年第 1 期。

[2] 刘钢:《哲学的“信息转向”》，《江西社会科学》2004 年第 2 期。

[3] 钟义信:《信息科学》，《自然杂志》1979 年第 3 期。

[4] 黎鸣:《论信息》，《中国社会科学》1984 年第 4 期。

[5] 陈忠:《信息究竟是什么?》，《哲学研究》1984 年第 11 期。

[6] 刘长林:《论信息的哲学本性》，《中国社会科学》1985 年第 2 期。

[7] 肖峰:《本体论信息主义的若干侧面》，《江西社会科学》2011 年第 3 期。

[8] 肖峰:《信息的实在性与非实在性》，《哲学研究》2010 年第 2 期。

[9] 肖峰:《信息主义的多种含义》,《哲学动态》2009 年第 12 期。

[10] 肖峰:《科学哲学中的信息主义趋向》,《自然辩证法通讯》2008 年第 5 期。

[11] 苗东升:《评惠勒的信息观》,《华中科技大学学报》(社会科学版)2008 年第 2 期。

[12] 苗东升:《信息复杂性初探》,《华中科技大学学报》(社会科学版)2007 年第 5 期。

[13] 李曙华:《信息——有序之源:探索生命性系统生成演化规律(一)》,《系统科学学报》2014 年第 2 期。

[14] 邬焜:《论自在信息》,《学术月刊》1986 年第 6 期。

[15] 邬焜:《中国信息哲学核心理论的五种范式》,《自然辩证法研究》2011 年第 4 期。

[16] 邬焜:《唯物主义和辩证法的基本观点——基于复杂性和信息思维的新考察》,《西安交通大学学报》(社会科学版)2016 年第 3 期。

[17] 邬焜:《古代哲学中的信息、系统、复杂性思想的基本特质——希腊·中国·印度》,《江南大学学报》(社会科学版)2009 年第 2 期。

[18] 邬焜:《从信息世界看哲学的发展及其根本转向》,《中国人民大学学报》2014 年第 3 期。

[19] 邬焜:《科学的信息科学化》,《青海社会科学》1997 年第 2 期。

[20] 罗先汉:《物信论——多层次物质信息系统及其哲学探索》,《北京大学学报》(自然科学版)2005 年第 3 期。

[21] 黎鸣:《力的哲学和信息的哲学》,《百科知识》1984 年第 11 期。

[22] 黎鸣:《论信息》,《中国社会科学》1984 年第 4 期。

[23] 康斯坦丁·科林:《信息的现实结构、本质和信息科学的哲学基础》,邬焜译,《西北大学学报》(哲学社会科学版)2012 年第 2 期。

[24] 吴延涪:《恩格斯论能量守恒与转化定律及其哲学意义》,《教学与研究》1962 年第 3 期。

[25] 鲁品越:《生成论规律观与马克思主义哲学原理建设》,《哲学动态》2008 年第 5 期。

[26] 肖玲:《人工自然的建构与科学认识——从科学实验的本质谈起》,《哲学研究》2008 年第 12 期。

[27] 罗天强、殷正坤:《发现抑或人工生成:科学实验与规律的双重关系》,《科学学研究》2016 年第 9 期。

[28] 黄双林等:《空间引力波探测——天文学的一个新窗口》,《中国科学:物理学力学天文学》2017 年第 1 期。

[29] 张今杰、林艳:《"范式"与"语言游戏规则"——库恩科学革命理论与卡尔-奥托·阿佩尔先验语用学比较研究》,《北方论丛》2011 年第 4 期。

[30] 闫坤如:《范·弗拉森的语境相关解释模型》,《哲学研究》2009 年第 9 期。

[31] 肖显静:《科学实验"可重复"的三种内涵及其作用分析》,《自然辩证法研究》2018 年第 7 期。

[32] 罗栋:《科学客观性的分类学研究》,《自然辩证法研究》2017 年第 11 期。

[33] 李醒民:《科学事实和实验检验》,《社会科学战线》2009 年第 11 期。

[34] 李醒民:《必要的张力:在科学的客观性和主观性之间》,《社会科学战线》2009 年第 3 期。

[35] 李醒民:《论科学定律》,《中国政法大学学报》2008 年第 2 期。

[36] 李醒民:《再议科学实在、科学实在论和反实在论》,《哲学分析》

2012 年第 1 期。

[37] 殷杰、郭贵春:《从科学逻辑到科学语用学——论科学解释模型的范式转变》,《自然辩证法研究》2003 年第 9 期。

[38] 郭贵春、杨烨阳:《科学表征中的隐喻建模——基于语境实在论》,《哲学研究》2016 年第 2 期。

[39] 郭贵春:《"语境"研究纲领与科学哲学的发展》,《中国社会科学》2006 年第 2 期。

[40] 吴彤:《科学实践哲学视野中的物理学哲学问题——以物理学实验涉及的问题为例》,《自然辩证法研究》2016 年第 5 期。

[41] 刘鹏:《试论当代哲学研究的信息转向》,《山西大学学报》(哲学社会科学版)2010 年第 2 期。

[42] 郝宁湘:《计算:一个新的哲学范畴》,《哲学动态》2000 年第 11 期。

[43] 郑祥福:《科学实在论在当代的发展》,《哲学研究》2012 年第 10 期。

[44] 罗天强、殷正坤:《发现抑或人工生成:科学实验与规律的双重关系》,《科学学研究》2016 年第 9 期。

[45] 董春雨:《大数据时代个性化知识的认识论价值》,《哲学动态》2018 年第 1 期。

四、外文著作

[1] L.Brillouin, *Science and Information Theory,* New York: Academic Press Inc, 1956.

[2] W. R.Ashby, *Introduction to Cybernetics,* New York: Wiley, 1956.

[3] G.Longo, *Information Theory: New Trends and Open Problems,* New

York: Springer-Verlag, 1975.

[4] T.Y.Cao, *From Current Algebra to Quantum Chromodynamics,* Cambridge: Cambridge University Press, 2010.

[5] N.Wiener, *Cybernetics,* Boston: MIT Press, 1961.

[6] A.J.Turner, *Early Scientific Instruments:Europe*, 1400-1800, New York: Philip Wilson, 1987.

[7] T.Frängsmyr, J.L.Heilbron, R.E.Rider, *The Quantifyig Spirit in the 18th Century,* Berkeley: University of California Press, 1990.

[8] W.Hackmann, *Scientific Instruments:Models of Brassand Aidsto Discovery(C)//David Gooding, T. J. Pinch,Simon Schaffer[ed],* Cambridge: Cambridge University Press, 1989.

[9] G.Bachelard, *The New Scientific Spirit,* Boston: Beacon Press, 1984.

[10] T.S.Kuhn, *The Structure of Scientific Revolutions,* Chicago: Chicago University Press, 1962.

[11] K.O.Apel, *From a Transcendental Semiotics Point of View,* Manchester: Manchester University Press, 1998.

[12] E.Mendieta, *Towards a Transcendental Semiotics*, New Jersey: Humanities Press, 1994.

[13] B.C.VanFraasse, *The Scientific Image,* Oxford: Clarendon Press, 1980.

[14] Duhem, *The Aim and Structure of Physical Theory, translated from the French by Philip P.Wiener,* New Jersey: Princeton University Press, 1954.

[15] W. V. O. Quine, *"Two Dogmas of Empiricism" in from a Logical Point of View,* Boston: Harvard University Press, 1953.

[16] T.Alessandra, *An Introduction of Feminist Epistemologies,* Massa-

chusetts: Blackwell Publishers Inc, 1999.

[17] D.Bloor, *Knowledge and Social Imagery,* Chicago: The University of Chicago Press, 1991.

[18] H.Collins, *Changing Order,* Chicago and London: The University of Chicago Press, 1992.

[19] B.Latour, S.Woolgar, *Laboratory Life: The Social Construction of-Scientific Facts,* London: Sage, 1979.

[20] B.Latour, *Pandora's Hope: Essays on the Reality of Science Studies,* Cambridge Mass: Harvard University Press, 1999.

[21] J. R.Lavetz, *The Merger of Knowledge with Power,* London and NewYork: Mansell Publishing Limited, 1990.

[22] E.D.Klemkeet, *Introductory Readingin the Philosophy of Science,* New York: Prometheus Books, 1980.

[23] I. Hacking, *Representing and Intervening,* Cambridge: Cambridge University Press, 1993.

[24] T.Y.Hacking, *Conceptual Developments of 20th Century Field Theories,* Cambridge: Cambridge University Press, 1997.

[25] D.C.Dennett and J.Haugeland, *"Intentionality", in R.L.Gregory(ed.) The Oxford Companion to the Mind,* Oxford: OUP, 1987.

[26] M.Dummett, The *Origin of Analytic Philosophy,* London: Duckworth, 1993, p.136.

[27] A.J.Wheeler and K.Ford, Geons, *Black Holes and Quantum Foam: A Lie in Physics,* New York: W.W.Norton & Company, 1998.

[28] S.Helmreich, *Silicon Second Nature:Culturing Artificial Life in a Digital Word,* Berkeley: University of California Press, 1998.

[29] M.A.Boden（Ed）, *The Philosophy of Artificial Life,* Oxford: Oxford University Press, 1996.

[30] P.Feyerabend, *Realism, Rationalism and Scientific Method,* Cambridge: Cambridge University Press, 1981.

[31] P.Davies, *The Mind of God, Science and the Search for Ultimate Meaning,* London: Simon & Schuster Ltd, 1992.

五、外文论文

[1] L.Floridi, "What is the Philosophy of Information?", *Metaphilosophy,* No.33, 2002.

[2] R.V.L.Hartley, "Transmission of Information", *BSTJ,* No.7, 1928.

[3] C.E.Shannon, "Mathematical Theory of Communication", *BSTJ,* No.7, 1948.

[4] M.Tribes, "Energy and Information", *Scientific American,* No.3, 1971.

[5] A.V.Helden, L.Thomas, "Instruments", *Osiris,* No.9, 1994.

[6] J. R. Shook, "The Direct Contextual Realism Theory of Perception", *The Journal of Speculative Philosophy,* No.4, 2003.

[7] H.Collins, "Stages in the Empirical Programme of Relativism", *Social Studies of Science,* No.11, 1981.

[8] D. Bloor, "Anti-Latour", *Studies in History and Philosophy of Science,* No.1, 1999.

[9] B.Latour, "DISCUSSION For David Bloor…and Beyond: A Reply to David Bloor's 'Anti-Latour'", *Studies in History and Philosophy of Science,*

No.1, 1999.

[10] J.Shook, "The Direct Contextual Realism Theory of Perception", *The Journal of Speculative Philosophy,* No.4, 2003.

[11] A.Chakravartty, "Semirealism", *Studies in History and Philosophy of Science,* No.29, 1998.

[12] Franklin, C.Howson, "Why Do Scientist Prefer to Vary Their Experiments ?", *Stud.Hist.Phil.Scil.,* No.1, 1984.

[13] P.Cassey, T.M.Blackburn, "Reproducibility and Repeatability in ecology", *BioScience,* No.12, 2006.

[14] G.Dodig-Crankovic, "Shifting the Paradigm of Philosophy of Science: Philosophy of Information and a New Renaissance", *Minds and Machines,* No.4, 2003.

[15] F.Steven, J.Ladyman, "Remodelling Structural Realism: Quantum Physics and the Metaphysics of Structure", *Synthese,* No.136, 2003.

[16] D.McArthur, "Rcent debates over structural realism", *Journal for General Philosophy of Science,* No.2, 2006.

[17] U.Fayyad, G.Piatetsky-Shapiro and P.Smyth, "The KDD Process for Extracting Useful Knowledge From Volumes of Data", *Communications of the ACM,* No.11, 1996.

[18] D.M.Berry, "The Computational Turn: Thinking about the Digital Humanities", *Culture Machine,* No.12, 2011.

六、网络文献

[1]《中国的天眼发现了什么?》，https://baijiahao.baidu.com/s？ id=16

18015847941620034&wfr=spider&for=pc。

[2] 石云里：《第谷对日心说和地心说的调和》，搜狐网 2017 年 6 月 16 日，http://m.sohu.com/a/149445811_472886/？ pvid=000115_3w_a。

后　记

学者的科研工作往往离不开国家各级教育部门的项目支持，笔者也不例外，本书的写作便是缘起于笔者 2016 年教育部人文社科青年项目的立项。正是在教育部项目的工作推动下，以及经费支持下，笔者才得以完成这部著作。在本书完成之际，首先要感谢教育部对本人科研工作的支持和资助。

完成一部学术专著总是一件艰辛的事情。本书的写作经历了一个漫长的过程，中间几次中断，几次调整结构，几次从头修改，个中艰辛相信不少同行能够体会。因为作为一名高校教师，很难保证有完整的大段时间集中精力去做一件事情，在著作写作过程中需要认真投入地完成教学工作，当然也包括完成学院的各项工作，还要兼顾家庭生活，这也是大部分科研工作者必须面对和解决的困难。

写作过程的漫长，也使得笔者不断调整自己的一些观点和想法，所以书稿完成后已经和写作时预期的结构、内容有了很大的差别，就像皮克林在《实践的冲撞》中所描述的那样，科研工作者的工作充满了不确定性，是一个在实践过程中不断冲撞的过程，冲撞的结果通常是偶然的涌现，并不存在按照预定目标和程序抵达终点的情况。在这个问题上，笔者是认同科学实践哲学的观点的，尽管笔者在书中非常强烈地批判了他们的哲学立场。可以说，笔者的思想在写作过程中也经历了一个演化的过程，或者说皮克林所谈到的冲撞过程，所以毋庸讳言，本书肯定不是一个特别成熟的作品，里面必定存在着不少欠考虑，甚至自相矛盾的地方。

本书的主要思想形成于笔者博士毕业之后，笔者于2012年毕业于南京大学哲学系，博士论文题目为《系统科学视野下的科学形象——整体、演化与建构》。2013年12月，同名著作在中国社会科学出版社出版。这本著作的出版是笔者学术生涯第一阶段的一个总结，本书的主要观点和立场与前书比，并未发生大的变化，基本上还是坚定地维护科学的客观性和普遍性品格，对科学哲学中的后现代主义思潮持一种批判的态度。本书和前书比，最大的变化是转换了研究视角，前书是系统科学的视野，本书是信息哲学的视野，视角的转换给笔者带来的是对一些问题的另一个维度的思考。

作为一名普通的人文社科领域学者，笔者知道一部普通的学术著作对学界的意义远小于对作者自身的意义。所以，虽然笔者更多地将本书视为自己另一个学术阶段的总结，但还是期望本书能对学界有积极的贡献，无论这种贡献有多微薄，都会让笔者感受巨大的欣慰。

本书的完成要感谢很多机构、团体和个人，因为学者之为学者，离不开自己所处的教育系统和学术环境。

首先要感谢自己的母校，我本科和硕士研究生阶段都就读于山西师范大学物理与信息工程学院，师大之于我始终是一种精神家园的存在，师大淳朴向上的精神塑造了我的人生观和价值观，师大在我身上打下的烙印终将伴随一生。南京大学是我博士研究生阶段求学的母校，南京大学诚朴雄伟的氛围塑造了我的学术风格，南京大学是一个精神指引，引领着我不断战胜自我、勇敢前行。

太原科技大学马克思主义学院是我工作的单位，马院大家庭的融洽氛围总是让我在工作中感受到轻松愉快，这一点非常重要。

感谢我的硕士生导师冯玉广教授，感谢我的博士生导师李曙华教授。

在人生的道路中能相遇两位师长，是我最大的幸运。我在做导师的经历中，始终以二位师长为榜样。我如果是一棵树，两位师长就是在我成长过程中给予阳光最多的人。

感谢武杰老师，感谢毛建儒老师，感谢马院的领导们，我的成长离不开长者和前辈的指引和鼓励。

感谢我的家人们，她们永远是我的情感靠山，想到她们，我就永远不会感到孤独和无助。感谢我的爱人吕尚兰，她总是无条件地支持我的工作，她是本书得以完成作出最大牺牲的那个人。本书和我的第一部著作算是姊妹篇，这从书名上就看得出来，它们就像我的两个女儿。我第一部著作也就是我的博士论文的写作过程中，经历了大女儿卫伊凝的孕育和出生，本书的写作过程恰巧经历了二女儿卫佳凝的孕育和出生。现在本书完稿，卫伊凝八岁，卫佳凝三岁，感谢生活，感谢岁月静好！

卫郭敏

2020 年 5 月 14 日于

太原科技大学综合楼

责任编辑：郭彦辰
封面设计：胡欣欣

图书在版编目（CIP）数据

信息哲学视域下的科学观 / 卫郭敏 著 . — 北京：人民出版社，2021.8
ISBN 978 - 7 - 01 - 023493 - 9

I. ①信… II. ①卫… III. ①信息学 - 哲学 IV. ① G201 - 02

中国版本图书馆 CIP 数据核字（2021）第 113421 号

信息哲学视域下的科学观

XINXIZHEXUE SHIYUXIA DE KEXUEGUAN

卫郭敏 著

人民出版社 出版发行
（100706 北京市东城区隆福寺街 99 号）

天津文林印务有限公司印刷 新华书店经销

2021 年 8 月第 1 版 2021 年 8 月北京第 1 次印刷
开本：710 毫米 × 1000 毫米 1/16 印张：15.25
字数：195 千字

ISBN 978 - 7 - 01 - 023493 - 9 定价：52.00 元

邮购地址 100706 北京市东城区隆福寺街 99 号
人民东方图书销售中心 电话（010）65250042 65289539